政府引导型旅游产业基金的高质量发展研究

胡抚生　著

北京·旅游教育出版社

图书在版编目（CIP）数据

政府引导型旅游产业基金的高质量发展研究 / 胡抚生著. -- 北京 ：旅游教育出版社，2021.6

ISBN 978-7-5637-4259-2

Ⅰ. ①政… Ⅱ. ①胡… Ⅲ. ①旅游业－产业投资基金－研究－中国 Ⅳ. ①F832.51

中国版本图书馆CIP数据核字(2021)第107644号

政府引导型旅游产业基金的高质量发展研究

胡抚生　著

责任编辑	何　玲
出版单位	旅游教育出版社
地　　址	北京市朝阳区定福庄南里 1 号
邮　　编	100024
发行电话	（010）65778403　65728372　65767462（传真）
本社网址	www.tepcb.com
E - mail	tepfx@163.com
排版单位	北京旅教文化传播有限公司
印刷单位	唐山玺诚印务有限公司
经销单位	新华书店
开　　本	710 毫米 × 1000 毫米　1/16
印　　张	11
字　　数	113 千字
版　　次	2021 年 6 月第 1 版
印　　次	2021 年 6 月第 1 次印刷
定　　价	68.00 元

（图书如有装订差错请与发行部联系）

本书出版获文化和旅游部科研立项（旅游类）面上项目“政府引导型旅游产业基金的运作机制及规范管理研究”（项目编号：18TABG014）和国家社会科学基金一般项目“政府引导型旅游产业基金的绩效评价及提升策略研究”（项目编号：19BJY209）共同资助。

前言

近年来，随着大众旅游向中高级阶段迈进，政府引导型旅游产业基金的发展受到广泛关注。从我国政府引导型旅游产业基金的实践来看，设立引导型旅游产业基金的目的旨在解决地方旅游产业发展资金短缺的问题，通过政府引导型产业基金的运作以及投资引导，充分发挥财政“四两拨千金”的杠杆作用，吸引更多的社会资金投入旅游产业发展。而针对政府引导型旅游产业基金如何发展、如何规范管理、如何评价绩效目前尚缺乏系统的理论研究，难以指导基金实践的发展。

因此，在科学探索的基础上，对政府引导型旅游产业基金的研究显得十分必要，如何推动政府引导型旅游产业基金的高质量发展值得关注。本研究在对现有产业基金相关研究梳理的基础上，主要从规范管理和绩效评价两个层面入手，研究政府引导型旅游产业基金的高质量发展问题，分析政府引导型旅游产业基金的发展现状和典型模式，剖析政府引导型旅游产业基金的运作机制，构建政府引导型旅游产业基金的规范管理评价体系和绩效评价体系，并提出相应的对策建议。从理论上，为政府引导型旅游产业基金高质量发展提供有效的理论支撑，丰富相关理论研究的内容、方法和体系。从实践上推动政府引导型旅游产业基金的规范化运作和绩效提升，以更好地促进旅游创业创新的发展。本研究的主要内容和结论如下：

（1）我国已经形成了中央、省、市、县四级政府引导型旅游产业基金，发展基本面向好，呈现出兴旺发达的局面。中央层级的政府引导型旅游产业基金相对较少，省级政府引政府引导型旅游产业基金发展迅速，而市县一级政府引导型旅游产业基金多处于起步阶段。政府引导型旅游产业基金是全域旅游发展的新动能，是旅游业高质量发展的必然要求。

（2）政府引导型旅游产业基金的典型模式主要包括组织模式和投资模式。从组织模式上来看，政府引导型旅游产业基金主要采取的是有限合伙形式。从投资模式来看，政府引导型旅游产业基金主要有股权和债权两大类，股权类模式下又包括直接投资类和母子基金类两种类型的旅游产业基金。因此，在投资模式上，政府引导型旅游产业基金主要有三种形式。直接投资的旅游产业基金通常是以基金到位资金为依托，可以针对旅游项目进行直接投资。母子基金类的旅游产业基金是先设立母基金，母基金再下设若干个子基金，母基金不直接对外投资，而是由子基金进行对外投资，基金的规模和杠杆效应更大。债权类的旅游产业基金主要是以债权形式为地方旅游业发展提供支持，常见的是类似于银行贷款的信贷形式，但贷款期限短，金额少，重点在于扶持有发展潜力的中小旅游企业。

（3）政府引导型旅游产业基金的运作机制包括发起设立、投资运作、风险控制、收益分配和退出机制等方面，由于多数地方采取的是股权类旅游产业基金，其运作机制相对成熟，而债权类旅游产业基金相对较少，其运作机制尚在逐步完善中。股权类旅游产业基金与债权类旅游产业基金在投资形式、收益分配、风险防控、存续期限、终止和退出等方面存在较大的区别。

（4）由于政府引导型旅游产业基金普遍成立时间不长，还存在一些瓶颈，包括政府和市场权责划分不清晰、缺乏有效的规范和引导、对产业的引导功能还不强、专业化的基金管理人才队伍还不健全、产业基金的配套政策还不完善、投资受限制、信息披露机制不健全等，需要在未来发展中逐步破解。

（5）结合国家对政府引导型旅游产业基金发展的规范要求以及运行实践，本研究构建了政府引导型旅游产业基金规范管理评估指标体系，包括出资和设立规范、投资规范、终止和退出规范、政府监管规范4个一级指标以及11个二级指标，20个三级指标，从政府引导型旅游产业基金的规范要求视角进行分析。

（6）结合国家对政府引导型旅游产业基金发展的绩效评价要求和相关研究，本研究构建起政府引导型旅游产业基金绩效评价指标体系，包括政策效应、经济效益、管理水平、旅游促进、发展潜力5个一级指标，16个二级指标，40个三级指标，从政府引导型旅游产业基金的绩效提升角度来进行评价分析。

（7）政府引导型旅游产业基金的高质量发展可以从加强政府层面的顶层设计、规范发起设立、提升投资运作效率、加强风险控制和退出机制建设、加强政府监管、培养专业化的人才以及完善配套政策支持等方面着手。

目 录

第一章　绪论

一、问题的提出

随着大众旅游向中高级阶段迈进，旅游产业基金的发展越来越受到各方的关注。从产业基金的类型来看，既有财政出资的政府引导型旅游产业基金，也有金融机构和社会资本设立、市场化运作的旅游产业基金。我国 2017 年成立的中国旅游产业基金是由央企中国旅游集团发起设立的大型旅游产业基金。2020 年成立的中国文化产业投资母基金是中宣部和财政部共同发起设立的大型文化产业基金，是国家级的政府引导基金，主要投向文化产业领域以及旅游、体育等相关领域。国内外对产业基金的理论和实践有较多的研究成果，已有研究表明，产业投资基金通过示范效应和培训效应为社会营造良好的创业氛围（Sorenson & Audia，2000），可以缓解小企业和新企业创新活动投资不足的问题（Hall，2002）。

从国外的理论研究来看，尽管对产业基金的研究较多，但专门针对旅游产业基金的研究还相对较少，更多侧重于财政补贴性基金的研究，而对市场化的旅游产业投资基金研究还不充分。已有研究主要从政府基金支持旅游发展层面进行分析，其中对欧盟的基金受到较多关注，如 Pearce（1992）、Jaliu（2012）、Panfiluk（2016）研究了欧盟发展基金对欧洲国家旅游经济发展的有效性；还有学者从政府基金补贴对旅游企业绩效的影响，如 Bernini & Pellegrini（2013）比较分析了意大利受政府基金补贴的旅游企业与未受补贴旅游企业的绩效。从国外的实践来看，相对成熟的旅游产业基金并不多，更多仍然侧重于发展工业和高科技方面的政府引导基金。

国内对于产业基金、政府引导基金的研究相对较多，以“产业基金”“政府引导基金”的主题词分别在中国知网检索，截止到 2021 年 2 月 20 日，分别有 4584、1156 篇研究论文。从国内对旅游产业基金的研究来看，相关研究论文却并不多，以“旅游产业基金”的篇名在中国知网检索，截至 2021 年 2 月 20 日，包括期刊、报纸、硕博士论文共有不到 50 篇相关的研究文章。而针对政府引导型旅游产业基金的研究论文则还属于空白的研究领域。

从我国旅游产业基金发展的实践来看，目前已有不少社会资本发起设立的旅游产业基金在运作，也取得了一定的成效。但完全市场化运作的旅游产业基金更多注重于经济层面的效益，社会效益考虑相对较少，难以引导地方旅游产业的发展方向，也往往起不到对旅游目的地发展的支撑作用。从我国政府引导型旅游产业基金的发展实践来看，不少地方已经设立了政府引导型旅游产业基金，各级政府层面设立引导型旅游产业基金的主要目的旨在解决地方旅游产业发展资金短缺的问题，不同于财政资金无偿划拨使用的支持方式，通过政府引导型产业基金的运作以及投资引导，充分发挥财政“四两拨千金”的杠杆作用，吸引更多的社会资金投入旅游产业发展。当前，我国进入了小康旅游新时代，旅游业迎来了黄金发展期，社会资本对旅游业发展普遍持乐观的预期，但是对于具体的区域、旅游领域、旅游产品和项目选择上，资金究竟应该往哪个地方投，如何投，是否符合地方旅游发展的需要并不清楚。而政府引导型旅游产业基金是吸引社会资本参与旅游业发展的重要引导性资金，通常由各级政府发起，以财政性资金、国有企业资金或社会资本共同设立的产业投资基金。政府引导型旅游产业基金在设立和运行阶段，往往会有明确的重点投资领域和投资方向，对地方旅游产业投资可以发挥积极的引导作用，也起到政府信用背书的作用。因此，政府引导型旅游产业基金既能够满足地方政府的旅游产业发展和引导作用，也能让更多的社会资本参与到旅游发展中，可以实现共赢。

围绕政府引导型旅游产业基金的高质量发展，本研究将重点研究以下问题：政府引导型旅游产业基金的发展现状是什么？政府引导型旅游产业基金的典型模式有哪些？政府引导旅游产业基金的运作机制是什么？如何评价政府引导型旅游产业基金的规范管理？如何评价政府引导型旅游产业基金的绩效？如何推动政府引导型旅游产业基金的高质量发展？

因此，在科学测量和评估的基础上，探索研究政府引导型旅游产业基金的高质量发展十分必要。本研究拟系统梳理国内外产业基金的相关理论和研究，分析政府引导型旅游产业基金的发展现状及典型模式、运作机制，开展政府引导型旅游产业基金的规范管理以及绩效评价管理分析，并提出促进高质量发展的对策建议。从理论上，为政府引导型旅游产业基金科学运作、规范管理以及绩效评价提供有力的理论支撑，丰富相关理论研究的内容、方法和体系。从实践上推动政府引导型旅游产业基金的规范化运作，提升产业基金的运行绩效，以更好地促进旅游领域创业创新的发展。

二、研究目的和意义

（一）研究目的

目前旅游产业基金的研究还相对较少，对政府引导型旅游产业基金的研究更是相对匮乏，因此，本研究具有一定的开拓性。本研究的目的在于：以现有文献研究、实地访谈和调研为基础，通过定性、案例等多种研究方法相结合，从旅游产业基金发展现状和典型模式着手，从规范管理和绩效评价两个层面重点研究政府引导型旅游产业基金的高质量发展，并提出促进政府引导型旅游产业基金高质量发展的对策建议。本研究将主要回答以下几个问题：

（1）政府引导型旅游产业基金的发展现状是什么？

（2）政府引导型旅游产业基金的典型模式有哪些？

（3）政府引导型旅游产业基金的高质量发展要求是什么？

（4）政府引导型旅游产业基金的运作机制是什么？

（5）如何评价政府引导型旅游产业基金的规范管理？

（6）如何评价政府引导型旅游产业基金的绩效？

（7）如何更好地推动政府引导型旅游产业基金的高质量发展？

（二）理论意义

（1）通过对政府引导型旅游产业基金相关研究的系统梳理，科学构建政府引导型旅游产业基金的系统研究框架，拓展产业基金理论，丰富产业基金研究的方法、体系和层次。以往的研究尚未对政府引导型旅游产业基金开展系统的研究，而针对旅游产业基金的研究也主要是针对个别地方的研究，这既体现了地方对旅游产业基金发展有期待，也体现出了相关研究还存在较大的不足。地方的政府引导型旅游产业基金典型个案研究固然重要，但本研究不仅仅关注个案研究，而是要从现有的政府引导型旅游产业基金发展中总结和提炼出政府引导型旅游产业基金的典型经验、模式和发展路径，进而上升到理论高度，以更好地指导全国政府引导型旅游产业基金的发展。因此，本研究构建政府引导型旅游产业基金的高质量发展分析框架，是对产业基金相关理论和研究的有益补充，为地方的政府引导型旅游产业基金的规范运作和绩效提升提供积极的理论指导。

（2）本研究通过政府引导型旅游产业基金的高质量发展研究，为促进政府引导型旅游产业基金的规范管理，提升绩效提供科学的理论支撑。本研究的方法多样，既有理论层面的研究，也有实践层面的规律总结，揭示政府引导型旅游产业基金的内在运作规律和逻辑，从多个层面和方位全面论述和分析政府引导型旅游产业基金的运作机制、规范管理和绩效评价体系，丰富了相关领域的研究，为政府引导基金的研究提供了旅游领域的理论研究内容。

（三）实践意义

（1）为进一步规范政府引导型旅游产业基金的运作，提升绩效，促进高质量发展提供了科学的实践指导。政府引导型旅游产业基金在我国起步相对较晚，很多地方虽然成立了政府引导型旅游产业基金，但对于基金如何运作，如何规范管理以及如何提升绩效还缺乏实践经验，这使得政府引导型旅游产业基金的发展从一开始就面临着各种难题。本研究在梳理总结政府引导型旅游产业基金发展现状的基础上，找到政府引导型旅游产业基金实践运行中的痛点、难点，提出相应的发展建议，为政府引导型旅游产业基金高质量发展指明方向，为规范政府引导旅游产业基金的发展以及提升旅游产业基金的绩效提供科学、可行的路径。

（2）为进一步优化旅游产业的金融资源配置提供决策参考依据。旅游业发展近年来受到广泛的关注，成为投资的热点领域，每年有上万亿元的资本涌入旅游业。但相对于我国庞大的旅游市场需求而言，现有的资金投入仍然难以满足旅游业高速发展的需要，并且地方旅游业发展还面临投资结构性问题，大型项目受到追捧，而适合大众旅游者需求的经济型旅游产品投资还不足，旅游供需结构性矛盾较为突出。通过研究政府引导型旅游产业基金的高质量发展，揭示其内在运作规律，有助于加强旅游产业基金的规范运作及促进绩效提升，有助于推动财政和金融的相互配合，推动金融资源的合理配置，让资金更多、更好地流向旅游业发展更加迫切的领域，更好地满足地方政府和社会资本的需求，进而实现发展的多赢。

三、研究对象、内容和方法

（一）研究对象

本研究以政府引导型旅游产业基金为研究对象，重点从政府引导型旅游产业基金的规范管理、绩效评价两个层面分析政府引导型旅游产业基金的高质量发展，并提出促进产业基金高质量发展相应的对策建议。

（二）研究内容

本研究以政府引导型旅游产业基金发展为核心研究对象，主要完成以下研究内容：

1. 产业基金相关理论和研究的系统梳理

本部分将系统梳理国内外对于政府引导基金、旅游产业基金的相关理论和研究，为本研究提供理论支撑。

2. 政府引导型旅游产业基金的发展现状及高质量发展要求

近年来，不少地方政府为了促进地方旅游业的发展，或依托地方财政力量，或联合金融机构、大型企业共同发起设立政府引导型旅游产业基金，发挥财政资金“四两拨千金”的作用，吸引更多社会资金参与旅游业发展。本部分将分析政府引导型旅游产业基金的内涵和特征以及与其他旅游类基金的区别，并梳理省级政府引导型旅游产业基金和重点旅游城市的市级旅游产业基金发展情况，包括设立目的、基金规模、发展定位、重点支持投资领域、对地方经济社会发展促进作用等。在此基础上，分析政府引导型旅游产业基金面临的瓶颈，并分析政府引导型旅游产业基金的高质量发展要求。

3. 政府引导型旅游产业基金的典型模式及运作机制

政府引导型旅游产业基金由于有财政资金的投入，与纯粹社会资本设立的旅游产业基金存在较大区别，既要体现公益性特征，又要体现市场化的运作机制。本部分从组织模式、投资模式两个方面总结政府引导型旅游产业基金的典型模式。并且按照股权类、债权类两大类别，分析政府引导型旅游产业基金的组织设立、资金筹集机制、日常运行机制、投资机制、风险管理机制、财政资金退出机制以及政府监管机制等。

4. 政府引导型旅游产业基金的规范管理研究

政府引导型旅游产业基金的高质量发展离不开规范管理，只有在合规的基础上才能实现高质量发展。国家发改委、财政部先后出台了政府引导型产业基金的管理规范要求，较多地方也出台了产业基金的相关规范管理要求，以确保政府引导型旅游产业基金发展不偏离既定的轨道。本部分将分析国家层面对政府引导型旅游产业基金的规范性要求，从政府规范管理视角出发，构建政府引导型旅游产业基金规范管理的指标体系。

5. 政府引导型旅游产业基金的绩效评价研究

政府引导型旅游产业基金的高质量发展也离不开良好的绩效，绩效好是旅游产业基金高质量发展的基础。政府引导型旅游产业基金既有财政资金参与设立，也有社会资本的参与。因此，对其绩效评价既要考虑经济效益，还要充分考虑社会效益，注重产业基金的引导功能。结合国家发改委、财政部对政府引导基金的绩效评价要求以及旅游行业特征，本部分拟从政策效果、经济效益、管理水平、发展潜力、旅游促进五个方面设计政府引导型旅游产业基金的绩效评价体系，以作为评价政府引导型旅游产业基金发展的科学依据。

6. 促进政府引导型旅游产业基金高质量发展的对策建议

在前述分析的基础上，结合国家政策以及产业发展实践，本部分将从政府引导型旅游产业基金的顶层设计、出资和设立、投资运作、风险防控及退出、人才培养、政府监管以及配套政策支持等方面提出促进政府引导型旅游产业基金高质量发展的对策建议。

（三）研究方法

文献研究。主要是对于政府引导基金、产业基金的相关理论和研究的文献梳理和理论框架构建，梳理以往的研究进展，主要论点以及研究的不足之处，以为本研究提供扎实的理论基础和新的切入点，确定本研究的框架体系。

定性分析。从理论上对于政府引导型旅游产业基金的现状、发展模式以及运作机制进行分析和论证，并提出促进政府引导型旅游产业基金高质量发展的对策建议。

实地访谈。通过对中国旅游产业基金以及北京、陕西、浙江、广东、四川、湖南等省份的地方政府、旅游产业基金公司及管理机构、旅游企业等进行深入调研，收集省市县政府引导型旅游产业基金发展情况、影响因素、发展瓶颈、政策诉求等第一手资料。

案例分析。通过对北京、陕西等省级政府引导型旅游产业基金的典型案例分析，总结政府引导型旅游产业基金的发展特征、经验和典型模式，分析我国政府引导型旅游产业基金需要重点解决的问题以及未来的趋势。

四、本研究创新之处

（1）以产业金融理论、旅游创新理论为支撑，结合旅游业发展规律，重点从规范管理和绩效评价两个层面研究政府引导型旅游产业基金的高质量发展，既拓展和丰富产业基金理论，也拓展政府引导型旅游产业基金的研究视角和应用空间。

（2）构建政府引导型旅游产业基金的规范管理和绩效评价体系，拓展旅游产业基金研究的方法和体系，形成更为科学的高质量评价分析框架。

（3）提出促进政府引导型旅游产业基金高质量发展的对策建议，丰富该领域的研究内容，具有较强的可操作性与现实意义。

五、技术路线和结构安排

（一）技术路线

根据研究内容，本研究主要遵循以下技术路线（见图 1-1）。

首先，本研究对产业基金的相关文献梳理，回顾政府引导基金、产业基金发展的相关研究。

其次，初步建立本研究的理论框架和主要内容，主要沿着政府引导型旅游产业基金发展现状→政府引导型旅游产业基金的典型模式及运作机制→政府引导型旅游产业基金发展的规范管理评价体系构建→政府引导型旅游产业基金发展的绩效评价→促进政府引导型旅游产业基金高质量发展对策的研究逻辑进行研究框架构建。

再次，在案例研究中，对北京、陕西的政府引导型旅游产业基金案例进行分析和总结，以期找出值得借鉴的经验和模式。

最后，阐述了本研究的主要结论、存在的不足、对策建议及后续研究的展望。

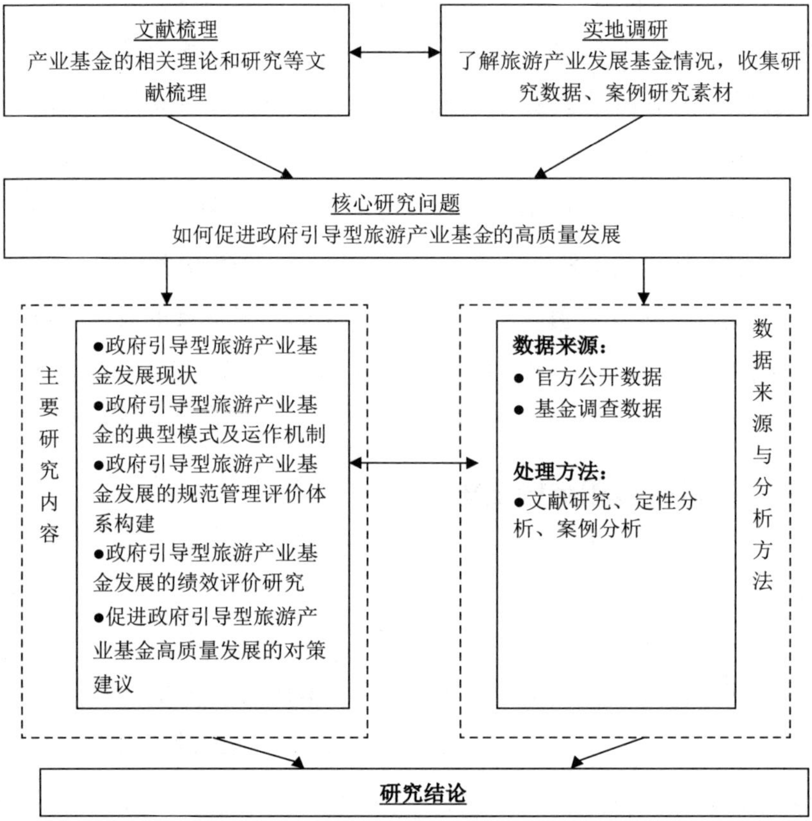

图 1-1　技术路线

（二）结构安排

本研究内容主要按上述的技术路线为主线，具体安排如图 1-2 所示：第一章为绪论部分。介绍本研究的背景及意义，阐述本研究的主要内容及研究方法，指出本研究的创新点，以及对本研究的技术路线做出详细的说明。

第二章为相关文献综述部分，阐述本研究的理论基础。具体包括：政府引导基金、旅游产业基金的国内外研究述评。

第三章为政府引导型旅游产业基金的发展现状研究。具体包括分析政府引导型旅游产业基金的概念和特征；近年来我国政府引导型旅游产业基金的发展现状；政府引导型旅游产业基金涉及的政府与市场关系；政府引导型旅游产业基金的发展瓶颈以及国际经验等。

第四章为政府引导型旅游产业基金的典型模式及运作机制。主要从组织形式、投资形式等方面分析政府引导型旅游产业基金的典型模式，并从股权类、债权类两个方面分析政府引导型旅游产业基金的运作机制。

第五章为政府引导型旅游产业基金的规范管理评价体系构建。第一，分析目前对政府引导型旅游产业基金的规范管理要求；第二，确定政府引导型旅游产业基金的规范管理评价指标，建立规范管理的评价体系。

第六章为政府引导型旅游产业基金的绩效评价研究。在针对地方政府的旅游产业基金调研的基础上，科学构建政府引导型旅游产业基金的绩效评价体系，分析旅游产业基金绩效评价的重点和要点，以及在绩效评价方面需要重点提升的内容，建立绩效三级评价指标体系。

第七章为促进政府引导型旅游产业基金高质量发展的对策建议。从政府引导型旅游产业基金的顶层设计、发起设立、投资运作、风险防控及退出、政府监管、人才培养、政策保障等方面提出相应的对策建议。

第八章为研究结论与展望部分。总结本研究得出的结论，并指出本研究中存在的不足以及后续研究建议。

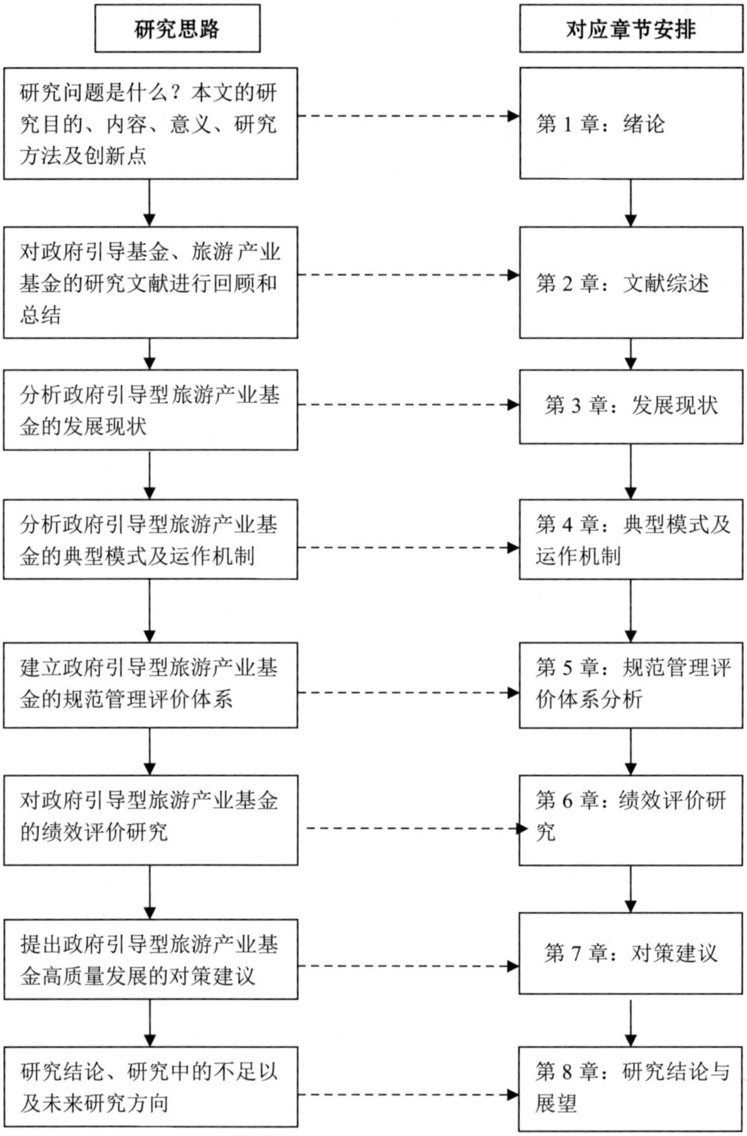

图 1-2　研究思路与结构安排

第二章　相关研究述评

本章围绕政府引导基金、旅游产业基金的国内外研究进行系统梳理，为进一步对政府引导型旅游产业基金的深入研究提供理论研究基础。

一、政府引导基金研究述评

从目前研究来看，已有研究对政府引导基金的名称表述并不一致，有的名称是政府引导型产业基金，有的名称是政府产业基金，有的则是政府引导基金，有的是政府投资基金，但实质内涵均是相同的。从国外来看，产业基金研究始于20世纪60年代。从国内来看，我国产业基金研究始于20世纪80年代，而对于政府引导型产业基金的研究，则是近年才开始兴起，特别是自2014年以来，国家加大对政府引导型产业基金的支持，出台了系列相关政策。同时，也引起学术界对此的研究和关注。较多学者从政府引导型产业基金的绩效评价、发展瓶颈、实施效果、发展模式、政府监管等层面进行了梳理和分析。

（一）政府引导基金的概念研究

对于政府引导基金的概念，国内外研究者进行了较多研究，主要从两个层面提出定义：一是从功能导向方面的定义，如田娟娟（2018）认为，政府引导基金是由政府出资，并吸引金融投资机构及民间资本参与，设立股权投资基金，以股权或债权方式设立的投资基金投资于创业企业或新兴产业，以支持创业企业或新兴产业发展；刘华伟（2018）认为，政府引导基金是由各级政府通过预算安排，以单独出资或与社会资本共同出资设立，采取股权投资等市场化方式，引导社会各类资本投资经济社会发展重点领域和薄弱环节，支持相关产业和领域发展的资金；陈少强（2017）认为，政府引导基金是由政府出资设立，通过股权或债权等方式吸引各类社会资本参与的政策性基金，该基金按照市场化方式管理运营，旨在重点扶持特定行业和特定地区。二是从创业投资视角的定义，陈旭东、刘畅（2017）认为政府引导基金是政府财政资金通过投资创业投资机构间接支持创新创业的财政金融化运作制度；李万寿（2005）认为引导基金是为了成立创业资本商业化运作的子基金，而由政府主导成立的母基金；杜朝运、郑瑜（2009）认为引导基金主要是用来支持创业投资中具有战略性意义的产业。具体可见表 2-1。

表 2-1　不同视角下的政府引导基金定义

作者	定义	视角
田娟娟（2018）	政府引导基金是由政府出资，并吸引金融投资机构及民间资本参与，设立股权投资基金，以股权或债权方式设立的投资基金投资于创业企业或新兴产业，以支持创业企业或新兴产业发展	功能

续表

作者	定义	视角
刘华伟（2018）	政府引导基金是由各级政府通过预算安排，以单独出资或与社会资本共同出资设立，采取股权投资等市场化方式，引导社会各类资本投资经济社会发展重点领域和薄弱环节，支持相关产业和领域发展的资金	功能
陈少强（2017）	政府引导基金是由政府出资设立，通过股权或债权等方式吸引各类社会资本参与的政策性基金，该基金按照市场化方式管理运营，旨在重点扶持特定行业和特定地区	
陈旭东、刘畅（2017）	政府引导基金是政府财政资金通过投资创业投资机构间接支持创新创业的财政金融化运作制度	创业投资
李万寿（2005）	引导基金是为了成立创业资本商业化运作的子基金，而由政府主导成立的母基金	
杜朝运、郑瑜（2009）	引导基金主要是用来支持创业投资中具有战略性意义的产业	

从上述定义可以看出，政府引导基金的概念内涵主要侧重于两个方面：通过财政的金融化手段来吸引社会资本参与地方政府希望重点发展的领域和薄弱环节，注重发挥财政资金的杠杆效应；随着市场经济的深入发展，更加注重引导基金对创业创新方面的支持，以政府引导基金的投入给予创业创新企业的信心保障。

（二）政府引导基金的发展模式研究

政府引导基金的发展模式是目前受到研究较多关注的问题，目前学者主要从几个方面来研究政府引导基金的发展模式：

一是对政府引导基金投资模式进行梳理。如梁圣义、秦宇（2009）认为我国政府性创业投资引导基金主要采用三种模式：补偿基金加股权投资、引导基金加担保机构、引导基金作为母基金吸引社会投资；何云月（2010）

认为我国政府引导基金主要采取参股子基金、跟进投资和风险补偿三种基本运作模式。单彪（2014）指出我国新兴产业政府引导基金的运行模式主要有参股基金、跟进投资、融资担保、投资保障、风险补助五种模式。龚建立等（2007）指出政府性创业投资引导基金的运行模式主要有三种模式：引入补偿基金、引入担保机构、建立“基金的基金”。

二是政府引导基金管理模式研究。张华、王杰（2013）指出政府创业投资引导基金的管理模式分为委托管理和自我管理模式。詹骞（2010）指出我国政府出资引导创业投资发展基金的典型模式有成立投资公司自行管理资金的“深圳模式”、委托投资管理公司管理资金的“上海模式”、出参股与委托管理相结合的“天津模式”和“江苏模式”、规范引导基金的“北京模式”。

三是政府引导基金出资模式研究。陈蕾（2012）认为我国引导基金主要有政府主导型的引导基金、地方政府通过财政出资与社会资本共同设立的引导基金、地方政府与国开行共同设立的引导基金。

四是政府引导基金退出机制研究。政府引导基金通常在存续期满后会面临退出的问题，这也是很多研究关注的问题。罗荆（2016）以浙江旅游产业基金为例，提出明确政府出资退出的时机和方式、明确政府出资收益让渡范围和方式、明确政府产业基金退出和让利管理职责。刘蕾、张邓斓（2018）研究发现，在加入风险因素后，PPP政府投资基金为了增加总收益而会选择缩短投资期，而当委托方和代理方出现信息不对称问题时，PPP政府投资基金的投资期限会增加。

学者们结合产业、地区从投资、管理、运作、出资等方面总结了政府引导基金的各种模式、特点，并提出了各类政府引导基金模式的适用情况。

（三）政府引导基金的发展瓶颈研究

我国政府引导基金的发展时间不长，随着各地政府引导基金相继成立，一些发展瓶颈问题也显现出来，特别是存在一些共性问题需要解决。学者们对政府引导基金的发展瓶颈问题研究，主要集中于以下几个方面：

一是可投资项目不足，导致基金出现闲置（杨树林，2018；余建林，2017）；二是引导基金专业人才缺乏（杨树林，2018；李长胜、蔡敏，2018；余建林，2017）；三是政府引导基金定位不准确，政策目标与市场目标协调困难，政策性与市场化运作相矛盾（杨树林，2018；李长胜、蔡敏，2018；汪恭礼，2017；沈谦等，2017；赖素娟，2014；郑德琳，2017；祁玉清，2017；吴应宁，2010），引导基金运作管理不规范（刘华伟，2018；沈谦，2017；何虹、何深，2017），政府过度参与引导基金的决策（邢斯达，2017），政府引导基金治理机制注重风险防控，忽视激励机制构建，难以调动社会资本及投资机构参与的积极性（成丹，2018；沈谦，2017）；四是基金进入容易退出难（陈述、韩冬梅，2018；柏笑寒、郭普松，2016）；五是投资受到严格的区域限制（汪恭礼，2017），基金运营效率不高（袁晓楠，2017；孙飞，2018）；六是风险监督管理难（沈谦等，2017；余建林，2017；祁玉清，2017；张军，2013），主体责任不清导致政府风险和市场风险错配（陈少强等，2017），缺乏有效的增信与安全保障机制（何虹、何深，2017）；七是扶持政策优惠少，缺乏全国范围的支持体系（赖素娟，2014），尚未形成政策合力（孙飞，2018）。

上述瓶颈问题既有政府层面的问题，也有市场层面的问题，还有基金自身发展的问题。风险监管、优惠政策、投资限制、退出难等方面需要依靠政府去解决，专业化人才不足则是基金公司自身需要解决的问题，而政府引导基金的政策与市场目标不协调则需要政府和市场共同来解决。

（四）政府引导基金的比较研究

政府引导基金的比较研究目前主要集中于三个方面：

一是政府引导基金的国际比较研究。张增磊（2017）比较研究美国小企业投资公司基金和欧盟欧洲投资基金，提出我国对引导基金的设立要严格审批，更多关注科技成果转化领域，建立集中和分散的基金组织管理模式，合理划清政府与市场边界，强化配套政策等。徐文舸（2017）比较研究以色列和澳大利亚的政府创业投资引导基金，发现政府创业投资引导基金成功的关键是要平衡好政府与市场的关系，政府既要扮演好弥补市场失灵的角色，也要在引导基金的发起设立、投资管理、到期退出等具体运作中以市场化为基本原则。郑联盛（2017）比较研究发现国外产业引导基金的四种发展模式，分别是以美国为代表的市场主导型发展模式、以以色列为代表的政府主导性发展模式、以澳大利亚为代表的混合模式和以德国为代表的产业政策 + 引导基金模式。

二是政府引导基金的国内区域比较研究。谭中明、朱忠伟（2013）从政策吻合度、管理方式、投资效率和风险控制等方面比较了上海、深圳、杭州、苏州、成都五种政府引导基金。何眉（2017）对比研究重庆、山东、湖北、甘肃、厦门等省市的政府引导基金发展模式，认为政府引导基金发展的关键在于领导高度重视，各部门密切配合；建立健全规章制度；设置合理的基金管理架构，处理好政府与市场的关系，注重管理和运营的风险控制。张文君、周瑞芳（2018）比较湖北、辽宁、江西三个省级政府引导基金发展，研究发现，三只政府引导基金的优点在于发展规模迅猛，经营模式因地制宜；基金投向明确，引导性作用不断显现；而不足在于对政府引导基金风险的认识不足、政府审批流程过于烦琐不够高效；配套各项机制不够完善。

三是政府引导基金与 PPP 模式的比较研究。政府引导型产业基金与 PPP 模式既有共同点，也有区别之处，二者共同点在于均承接了地方政府部分表外融资的需求（高礼彦，2015；靳志伟，2018），参与了国家基础设施建设，退出方式相类似（陈梁、胡文淑，2016；靳志伟，2018）。但二者在基金来源、投资方式、管理方式、组织形式及交易结构等方面存在较大的区别（靳志伟，2018）。

政府引导基金比较研究对于提升基金的运行和管理水平有积极意义，通过国际比较研究，分析我国与世界发达国家的差距，提出我国可以借鉴的先进经验；通过国内区域比较，分析相关省市在政府引导基金的各自特点及发展水平，以进一步优化发展环境和管理水平；通过与相类似的 PPP 模式比较，以更好地找准政府引导基金的相同点和差异点，以更好地明确发展目标和发展方向。

（五）政府引导基金的绩效评价研究

目前，政府引导基金的绩效研究相对成熟，学者们展开了较多的研究，主要集中于几个方面：

一是政府引导基金的绩效评价体系研究。田娟娟（2018）分析政府引导型产业基金的绩效评价体系，提出一级指标由政策目标、经济效益、管理效能，8 个二级指标和 22 个三级指标构成的产业基金评价体系。刘晓玲等（2018）运用“德尔菲法”对以往的政府引导基金绩效评价指标进行优化，提出政策效益、经济效益、管理效益 3 个一级指标，杠杆效应、落实情况、实施效果、被投企业、基金层面、规范性、合理性 7 个二级指标，以及 17 个三级指标。易姣娇、孙童真、鲁玉秀（2017）则提出了经济、政策、经营 3 个一级指标，投资收益、退出情况、杠杆效应、引导效应、社会效应、规范性、风险控制、管理效率 8 个二级指标，以及基金规模、资金放大倍数、资金运营情况等 13 个三级指标。Bartzkkas & Mani（2004）针对以色列 Yozma 基金从系统进化的角度建立了绩效评价指标。施钰（2013）提出了 4 个一级指标，9 个二级指标，15 个三级指标的政府引导基金的绩效评价指标体系，并通过实证分析 A 引导基金的绩效，发现 A 引导基金绩效状况良好。于羽（2013）建立了政府引导基金绩效评价的三级评价指标，以政府引导基金绩效为一级指标，以政策目标、政策效果、经营管理能力 3 个指标为二级指标，以政府引导基金的数量、基金退出效果、管理方式等 9 个指标为三级指标。石琳（2013）构建创业投资引导基金绩效评价体系，以政策目标、政策效果、综合管理能力 3 个指标为一级指标，9 个二级指标和 18 个三级评价指标，运用模糊综合评价和精确值确定法相结合方示提出引导基金绩效评价的具体步骤。向赟（2018）构建了 5 个一级指标、15 个二级指标和 34 个三级指标和对应的操作性指标，运用模糊综合评价方法，对杭甬两地创业投资引导基金进行案值例的对比评价，研究发现，杭州市创业投资引导基金 62.5% 的概念运行极好，宁波市引导基金有 47.66% 的概念运行较好。可以看出，目前的绩效评价指标体系通常是建立三级指标体系，更多关注政策目标、政策效果、综合管理能力、经济效益等几个方面，在此基础上，进行了更为细化的评价指标划分。

二是政府引导基金的效率研究。政府引导基金的既有运行良好的政府引导基金，绩效水平较高，也有绩效较差的政府引导基金。如唐瑞（2012）分析广州开发区创业投资引导基金绩效，发现引导基金使用效率较高、效果较好。刘勇（2017）分析了江西上饶市 5 个县市的政府产业引导基金绩效，发现产业基金撬动银行和社会资本投资实体效应明显，有效拓宽了企业融资渠道，整合了地方产业资源，调整了产业结构，促进了区域经济增长。李长胜、蔡敏（2018）以安徽省为例，分析了地方政府产业基金对引导产业发展的影响，发现政府产业基金有效驱动地方新兴产业的发展与壮大。但也有学者发现，既便是同一个母基金，其旗下的子基金绩效也会存在差异，如刘春晓（2015）以北京市新兴产业创业投资基金参股基金为例进行绩效分析，发现在13只参股基金中，有4只基金运作效果较好，有2只基金运作效果不理想。还有学者研究发现，政府投资基金的地区效应较为明显，发达地区的政府引导基金绩效较好（唐瑞，2012），要优于欠发达地区（陈旭东、刘畅，2017；张增磊，2018）。

三是政府引导基金绩效的影响因素。政府引导基金的绩效受到制约因素较多，通过既有外部的因素，也有内部的因素。从外部因素来看，政府引导基金的影响因素主要有缺少私人投资者参与（Murray & Maula，2013）、政策目标实现情况（李延利、刘天善，2017）；从内部来看，主要影响因素有：受到基金规模的影响，大规模的基金绩效要显著高于小规模基金（Basso & Funari，2007）；创投机构和企业的经营管理能力不足（王哲，2017）；基金管理公司治理结构的影响（肖世明，2008）。

四是政府引导基金对创业投资的影响研究。国内外的政府引导基金均与创业投资关系紧密，在创业投资发展初期，政府引导基金有重要支撑作用（Lerner，1999；邢恩泉，2014），在创业投资产业形成阶段，政府引导基金干预有助于产业发展（Lerner & Watson，2007）。进入创业投资中后期，政府引导基金对创业投资的影响既有积极的影响，也会存在消极的影响。积极影响方面，政府引导基金对创投市场的投资总额投资总项目数有显著的正面影响（Cumming & Li，2013），为社会营造良好的创业氛围（Sorenson & Audia，2000），推动产业升级（Bruton &，Ahistrom，2003），促进了更多资金用于产业投资（Ha11，2002；Leleux & Surlemont，2003），促进创业投资的区域均衡发展（Sunley，2005）。然而有研究也发现，政府引导基金单独投资不能促进企业创新（Bertoni & Tykvova，2015；董建卫等，2017），对创投资本的引导作用不明显（房燕、鲍新中，2016），在创业投资发展成熟区域，设立政府引导基金会挤出社会资金（杨敏利等，2014），甚至会导致创投资本总量下降（Cumming & Macintosh，2006）。

（六）政府引导基金的监管研究

政府引导基金的监管主要是体现政府出资人角色的作用，发挥对财政资金保值增值的监督管理，同时确保政府引导基金规范、健康、有序运行。目前政府引导基金的监管研究主要集中在几个方面：

一是从宏观发展方面进行的监管。何朝林、梁悦（2017）认为政府在引导基金运行中的角色是投资者、委托者、保障者和监管者四重角色，是创投机构与企业间的纽带。闫海（2017）以辽宁省为例，指出政府创业投资引导基金的监管尚须进一步改进立法形式，健全治理结构，完善引导方式，规范退出机制以及加强风险控制。

二是政府引导基金的风险管理研究。余波（2017）认为政府引导基金发展中要防范五个方面的风险：预算统计失真可能误导宏观决策的风险；“引导越位”导致挤出风险和产能过剩的风险，高杠杆不规范运作或导致财政隐形负债的风险、“设、募、投、管、退、评”流程中的运营风险和较大的资金沉淀风险。柏榆芳（2013）认为政府引导基金要防范委托代理风险、基金退出风险、寻租风险、政策风险以及创业企业的风险等。但也有学者研究认为，政府引导基金的风险管理并不容易，如陈少强等（2017）认为，从现实的政府引导基金管理和运行来看，要实现政府要素匹配和防范系统风险并非易事，政府引导基金的效果并未达到预期目标。还有学者研究了金融机构投资政府引导基金的风险及监管，如侯斯强、占宇翔（2017）研究商业银行投资政府引导基金的潜在风险及监管对策，指出资金从商业银行到具体项目至少涉及三个核心投资关系：商业银行与第三方的投资关系、第三方与政府投资基金的投资关系、政府投资基金与具体项目的投资关系，均存在潜在的风险，要规避潜在风险，认为商业银行投资政府引导基金重点要在规范投资子公司模式、现有模式下穿透识别的实质监管等方面加强监管。

三是政府引导基金的审计监督管理研究。许亚、陈丙欣（2018）从审计视角分析对政府出资产业投资基金的监管，提出要重点关注政策目标任务实现、合法合规、基金的退出和终止以及制约基金发展的体制机制等情况。

四是政府引导基金的投后管理研究。张新星（2018）认为政府引导基金投资后的管理重点是完善投后管理机制、根据影响力不同实施分类管理、提供多种价值增值服务、协议约定管理权利。

政府引导基金相关研究述评：国内外针对政府引导基金的研究已相对较多，在政府引导基金模式、运作机制、发展瓶颈等、绩效评价、政府监管方面均有充分的研究，对于政府引导基金的实践发展起到了较好的指导作用。政府引导基金既涉及政府部门，也涉及基金公司，还涉及所投资企业，要建立政府、基金、企业三者之间良性互动的关系，既要鼓励政府引导基金规范发展，也要适度监管，让市场有活力的空间。而从目前来看，对于政府引导基金的规范管理研究还存在较大的不足，对于政府引导基金合规范管理评价研究还相对较少，也缺乏对实践和案例的总结研究。

二、旅游产业基金研究述评

尽管政府引导基金的研究相对较多，但旅游领域的政府引导基金研究还相对较少，国内关于旅游产业基金的研究始于2006年，虽然经过十余年的发展，但由于旅游产业基金起步相对较晚，相关的研究并不多，研究内容和层次还不够深入。已有的旅游产业基金研究主要集中于三个方面：

一是旅游产业基金设立的必要性研究。冯雪君、张朝峰（2012）认为桂林旅游产业基金的设立是必要的，也是可行的。王文龙、马文峰（2011）认为海南旅游产业投资基金设立既有重要性，也有可行性，并提出了相应的工作建议。

二是区域旅游产业基金的运作模式设计研究。肖红青等（2008）提出设立西部地区体育休闲旅游产业投资基金的运作模式。刘洋、颜立湘（2012）提出湖南湘西地区旅游产业投资基金组织模式应采取有限合伙制形式，在投资基金的筹资方式上应以国有企业、证券公司、境外资金等社会资金为主导，政府资金为引导；在投资策略上更多用于开发湘西旅游、文化产业以及矿业资源、基础设施、绿色农业等旅游配套产业发展。赵晓娜（2012）从投资领域、发起人、资金募集方式、组织形式、退出渠道等方面提出了青海旅游产业投资基金设立的可行性及机制设计。刘伟华、龚雁（2014）提出设立贵州旅游产业投资基金的组织形式、运作模式和投资策略。张海枫（2006）以云南省为例，提出了欠发达地区产业投资基金的设计运作和退出机制研究，指出云南省旅游业风险投资基金的运作流程是首先创立风险投资基金，再依次是选择风险投资对象，尽职调查，交易构造、经营和监控、退出六个方面。

三是旅游产业基金的投资决策定量评估研究。如韩博（2009）评估我国旅游产业投资基金的投资项目价值。刘冠华（2014）分析了海南省旅游产业投资基金设立、投资方向、风险控制、退出机制等运行机制的基础上，建立了海南省旅游产业投资基金投资决策模型，分析海南旅游产业投资基金的投资重点和投资决策方向。

旅游产业基金相关研究述评：目前关于旅游产业基金的研究还处于起步阶段，已有的研究更多是针对地方要设立旅游产业基金，如何设立旅游产业基金的探讨，尚未对旅游产业基金的运作机制、旅游产业基金的规范管理和绩效评价等方面开展系统性的研究。理论源自实践，相关研究的滞后一方面是由于我国旅游产业基金起步相对较晚，发展历程相对较短，目前更多是处于基金发展的探索阶段；另一方面则是由于旅游产业基金更多涉及财政金融方面的跨领域研究，而这方面尚属于旅游研究领域的薄弱环节。旅游产业基金研究相对滞后于其他行业领域的产业基金研究，还需要在今后的研究中进一步深化，以更好地指导产业基金实践的发展。

第三章　政府引导型旅游产业基金的发展现状

本章首先分析政府引导型旅游产业基金的概念、特征以及与其他旅游基金的区别与联系；其次，分析我国政府引导型旅游产业基金的发展动态、发展瓶颈及涉及的政府与市场关系。

一、政府引导型旅游产业基金的基础分析

（一）政府引导型旅游产业基金的概念和特征

1. 定义

政府引导型旅游产业基金目前尚未有确切的学术定义。财政部 2015 年出台的《政府投资基金暂行管理办法》指出，“政府投资基金是指由各级政府通过预算安排，以单独出资或与社会资本共同出资设立，采用股权投资等市场化方式，引导社会各类资本投资经济社会发展的重点领域和薄弱环节，支持相关产业和领域发展的资金”。国家发改委 2017 年出台的《政府出资产业投资基金管理暂行办法》，指出：“政府出资产业投资基

金是指有政府出资主要投资于非公开交易企业股权的股权投资基金和创业投资基金。”虽然政府投资基金与政府出资产业投资基金的名称和定义不尽相同，但本质核心是政府出资，即政府对基金发起投入了财政资金。同时，采取单独出资或与社会资本共同设立的形式，采取股权投资等投资方式。

结合现有研究、国家发改委、财政部两部门对政府性基金的定义以及旅游行业特征，可以将政府引导型旅游产业基金定义为：由各级政府通过预算安排，以股权投资、债权投资等方式与社会资本共同出资设立，按照“政府引导、市场化运作”的运作模式，引导社会资本投向旅游发展重点领域和薄弱环节的资金。

2. 主要特征

政府引导型旅游产业基金往往具有私募基金性质。公募基金和私募基金较大的区别在于：公募基金主要是向社会不特定公众发行或公开发行立式募集资金的基金，而私募基金主要是针对非公开特定对象募集资金的基金。从我国目前的政府引导型旅游产业基金来看，均属于私募基金，不公开募集，往往是由政府财政与国有、民营企业共同发起设立的。政府引导型旅游产业基金主要特征有以下几个方面：一是政府引导型旅游产业基金是由政府财政发起设立的，对于投资资金并非是无偿使用的，而是通过要投资获取收益回报，目前全国有省、市、县三级财政参与设立的引导型旅游产业基金。二是重点突出政府对地方旅游产业发展的引导性，政府引导型旅游产业基金投向代表了地方政府对旅游产业发展的鼓励作用，旨在于发挥财政“四两拨千金”的作用，以有限的财政资金来引导更多的社会资本参与旅游业发展，弥补地方旅游业发展所需资金。三是采用市场化的运作机制。虽然政府有财政投入并且是产业基金主要发起人，但在旅游产业基金的运作上更多是在产业基金的建章立制方面发挥重要作用，而在实际运作中则由市场化机构来运作，不干涉基金的日常运作。四是有存续期限，政府引导型旅游产业基金存续时间一般不超过十年。五是以服务本区域的旅游业发展为主。无论是省一级，还是市县一级的政府引导型旅游产业基金，往往有严格的区域投资限制，规定主要在本区域开展旅游投资，对跨区域投资有严格的限制，很多地方规定旅游产业基金投资本区域的资金总额不少于基金可投资金额的八成以上比例。六是投资单个项目的资金额小，不作为实际控制人。目前较多地方政府规定了政府引导型旅游产业基金通常不做被投资企业的第一大股东，不能对被投资企业进行实际控制。七是政府引导型旅游产业基金是财政与金融的结合方式，改变了以往财政无偿支持的方式，政府引导型旅游产业基金是需要还本付息的，是将财政资金与金融资金相结合，以金融投资手段和工具进行投资，发挥财政资金效益最大化。

（二）政府引导型旅游产业基金与其他旅游基金的区别

从目前来看，旅游类的基金除了政府引导型旅游产业基金外，还有国家旅游产业发展基金、地方旅游发展专项资金、社会资本投资的旅游产业基金几类基金：

1. 国家旅游发展基金

国家旅游发展基金是国家层面设立的支持旅游产业发展的专项资金，代表了中央财政对全国旅游业发展的大力支持，是对地方无偿支持的财政资金。国家旅游发展基金设立的时间是 1991 年。1991 年，国家旅游局、中国民用航空局、财政部、国家物价局联合颁发了《关于提高机场费的通知》，规定："从 1991 年 10 月 1 日起，在民航现行离境人员收取机场费 40 元的基础上，每人增收 20 元外汇人民币（或人民币），作为旅游发展基金，由民航局集中上缴财政部。"2012 年 3 月，财政部出台《民航发展基金征收使用管理暂行办法》，废止机场建设费，改征民航发展基金，并规定“乘坐国际和地区航班出境的旅客每人次 90 元（含旅游发展基金 20 元）”。可以看出，旅游发展基金已经存在二十余年，征收的对象是出境旅游的国内游客，征收的标准一直维持在 20 元 / 人次。根据财政部出台的规定，国家旅游发展基金主要用于宣传促销费、行业规划发展研究经费、旅游事业补助经费、项目开发补助费等方面。旅游发展基金补助地方项目重点用于补助中西部地区 A 级以上旅游景区（点）基础设施、公共服务设施建设及完善的项目；补助以中西部为主的重点地区带动农民脱贫致富的旅游项目和旅游新业态项目等方面。

国家旅游发展基金整体实力不强，2018、2019 年支出决算分别为 16.46、16.16 亿元①，难以满足全国旅游业发展的旅游基础设施和公共服务资金需求。目前国家旅游发展基金主要是由财政部、文化和旅游部共同管理，每年由地方旅游部门向文化和旅游部申请国家旅游发展资金支持，由财政部、文化和旅游部共同审核支持项目和支持资金。国家旅游发展基金是政府财政性资金，相较于政府引导型旅游产业基金，其是服务中央及地方旅游业发展的专项财政资金，具有无偿性，不需要考虑投资收益，主要是以财政拨付方式投入使用，不能用于股权投资项目。

2. 地方旅游发展专项资金

地方旅游发展专项资金与国家旅游发展基金类似，均是财政设立的专门支持旅游业发展的专项资金，需要纳入地方财政年度预算。但二者还是有较大的区别。从资金的层级上来看，国家旅游发展基金是国家层面设立的专项资金，主要用于全国性的旅游基础设施和公共服务建设。而地方旅游发展专项资金通常是省、市、县三级政府设立的地方旅游业发展专项资

① 引自财政部 2018 年、2019 年《中央政府性基金支出决算表》。

金。从资金的管理主体来看，国家旅游发展基金管理主体是财政部、文化和旅游部，而地方旅游发展专项基金管理主体是地方财政部门和文化旅游部门。从资金的来源上来看，国家旅游发展基金的资金来源于从民航旅游发展基金的提取部分，并非从中央财政支出，但要纳入中央财政的年度预算和决算；而地方旅游发展专项资金主要来源于地方财政收入，但同样要纳入地方财政年度的预算和决算。

目前，全国 31 个省区市均设立了旅游发展专项资金，主要用于旅游基础设施建设、宣传促销、重大项目开发引导和人才培训等，并且较多省份的旅游发展专项资金额度总体上逐年在上涨。但由于经济发展水平不平衡，各省份之间的旅游发展专项资金额度还存在较大的差异。与国家旅游发展基金类似，地方旅游发展专项资金同样属于无偿支持性质的财政资金，无须考虑投资收益，也不用于股权投资。

3. 完全市场化的旅游产业基金

这类基金通常是金融机构、社会资本和民营企业发起设立的，完全没有财政投入，而是由企业和社会资本自发设立的，因此约束相对较少，具有相对灵活的经营和管理权限。也有部分大型国有企业也设立了市场化的旅游投资基金，但其基金来源不属于中央和地方财政预算投入，因此不属于政府引导型旅游产业基金，也不以引导旅游产业发展为目的。

根据中国证券投资基金业协会的官网统计数据显示，截至 2020 年 11 月末，全国已有 218 只旅游产业投资基金。表 3-1 是对政府引导型旅游产业基金、地方旅游专项发展基金、社会资本设立的旅游产业基金的比较。

表 3-1　各类旅游基金的比较

类别	政府引导型旅游产业基金	地方旅游发展专项基金	社会资本设立的旅游产业基金
资金来源	纳入政府年度预算的财政资金以及社会资本	纳入政府年度预算的财政资金	社会资本
资金用途	旅游业发展的薄弱环节和重大投资领域	基础设施和公共服务等	旅游业发展的重要投资领域
设立批准部门	财政部门会同旅游行业主管部门报本级政府批准	财政部门会同旅游部门报本级地方政府批准	报政府金融主管部门批准
设立形式	可以单独设立，也可以设立母子基金	不能设立母子基金	可以单独设立，也可以设立母子基金
规模	通常在 10 亿至 100 亿元左右	从上千万到亿元不等，一般不超过 10 亿元	通常在 10 亿至 100 亿元左右
运作方式	政府引导、市场化运作	政府主导	市场主导
日常管理	财政部门、旅游部门不参与基金日常事务管理	财政部门和旅游部门对基金的使用管理负责	社会资本自行对基金日常管理
投资收益	投资收益及时上缴国库	无偿使用，无投资收益	投资收益归基金投资股东
风险承担	风险共担，政府以出资额为限承担有限责任	无投资风险	完全由社会资本承担风险
退出	存续期满后终止	无退出机制	存续期满后终止

从资金来源上看，政府引导型旅游产业基金的资源主要来源于纳入政府年度预算的财政资金、社会资本，旅游发展专项基金资金来自纳入政府年度财政预算的财政资金，出资额需要而社会资本设立的旅游产业基金则完全来源于社会资本，没有财政资金的参与。

从资金用途来看，政府引导型旅游产业基金与社会资本设立的旅游产业基金均是投向于地方旅游业发展的重大项目和重大投资领域，而旅游发展专项资金主要投向于旅游基础设施和公共服务领域。

从设立批准部门来看，政府引导型旅游产业基金、旅游专项发展基金需要财政部会同旅游行业主管部门报本级政府批准；社会资本设立的旅游产业基金则是需要报当地政府金融主管部门批准设立。

从设立形式来看，政府引导型旅游产业基金、社会资本设立的旅游产业基金可单独设立，也可设立母子基金，而旅游发展专项基金不能设立母子基金。

从规模来看，政府引导型旅游产业基金、社会资本设立的旅游产业基金规模通常较大，在 10 亿～100 亿元，也有少数的达到 200 亿～400 亿元。而旅游发展专项基金的规模通常较小，省级层面的一般上亿元的也不多，而地市层面的年度专项发展基金通常在千万元左右，并且规模大小取决于地方财政的实力。

从运作方式来看，政府引导型旅游产业基金是采取政府主导、市场运作的方式，政府在基金投资人、发起设立、规章制度建设等方面发挥着重要作用，而具体的日常投资和运作则采取市场化的运作方式；旅游发展专项基金则完全是政府主导，由政府来决定支持建设的旅游基础设施和公共服务；而社会资本设立的旅游产业基金则是完全采取市场化的运作方式。

从投资收益来看，政府引导型旅游产业基金追求投资回报，投资收益要及时上缴国库，社会资本设立的旅游产业基金同样追求投资回报，投资收益归基金投资人；而旅游专项发展基金是无偿使用，不追求投资回报，更多是追求社会效益。

从风险承担来看，政府引导型旅游产业基金由政府与社会资本共同承担投资风险，政府以出资额为限承担有限责任；旅游专项发展基金是无偿使用资金，不存在投资风险；而社会资本设立的旅游产业基金则是由社会资本完全风险自担。

从退出机制来看，政府引导型旅游产业基金、社会资本设立的旅游产业基金均有存续期，一般不超过10年，而旅游专项发展基金无退出期，其存续取决于是否纳入地方政府年度的财政预算。

二、政府引导型旅游产业基金的发展动态

（一）政府引导型旅游产业基金的政策环境更加有利

从国家政策层面来看，近年来出台的较多文件均提出了加大对旅游产业基金发展的支持。2014年出台的《国务院关于促进旅游业改革发展的若干意见》提出“政府引导，推动设立旅游产业基金”。2015年出台的《国务院办公厅关于进一步促进旅游投资和消费的若干意见》提出“鼓励有条件的地方政府设立旅游产业促进基金”。中央出台的政策文件明确支持要设立旅游产业基金，为政府引导型旅游产业基金的发展提供了信心。此外，财政部、国家发改委还先后出台政府投资基金支持产业发展的政策文件，加强政府投资基金对旅游业在内的实体经济发展支持。从地方层面来看，较多省份出台产业引导基金管理办法，鼓励设立政府引导型基金支持旅游业发展。总体上，政府引导型旅游产业基金政策环境更加有利。

（二）省级政府引导型旅游产业基金发展相对快速

从全国来看，湖南、北京、浙江、四川、河北、青海、江西、广东、山东等省份成立了省级政府引导型旅游产业基金并且开始运作。最早成立的省级政府引导型旅游产业基金是湖南省，2010年成立了湖南文化旅游产业投资基金，而更多的省政府引导型旅游产业基金成立于2014年之后，成立的时间并不长。

表 3–2　省级政府引导型旅游产业基金

省级旅游产业基金基金名称	成立时间（年）	主要发起人
云南旅游文化产业发展基金	2017	昆明侨旅投资合作企业、华侨城（云南）投资有限公司、云南康旅控股集团、云南省重点产业发展母基金
湖南文化旅游产业投资基金	2010	湖南省财政厅、省文化厅、省旅游局、深圳达晨创投有限公司等
北京旅游发展基金	2012	北京市旅发委、海航集团
四川旅游产业创新发展股权投资基金	2015	四川省财政厅、新希望集团、昆吾九鼎投资公司
青海旅游产业促进基金	2015	青海省财政厅、省旅发委、省旅游投资集团
广东省旅游产业投资基金	2018	广东省旅游控股集团
山西旅游文化体育产业股权投资基金	2019	山西省太行产业投资基金、山西省文化旅游投资控股集团
河北旅游产业股权投资引导基金	2015	河北旅股文化旅游发展有限公司、海航旅游集团
陕西旅游产业投资基金	2017	陕西旅游集团、国家开发银行、平安银行、中信集团
江西文旅产业发展基金	2017	中航信托、江西省发展升级引导基金、国泰君安证券、江西旅游集团
山东省旅游发展引导基金	2014	山东省旅游局、山东省财政厅
浙江省旅游产业股权投资基金	2018	浙江旅游集团、浙江长龙航空、国开金融、新希望集团、浙江新国悦投资公司

资料来源：根据产业基金调研资料整理

虽然上述省级政府引导型旅游产业基金成立的时间普遍不长（见表 3–2），但发展已较为快速，特别是部分省级旅游产业投资基金投资速度较快，有力地推动了地方旅游产业的发展。从基金规模上看，通常在 10 个亿以上，部分省份旅游产业基金规模还达到几十亿甚至百亿元以上。从主要发起人来看，既有省级财政部门、旅游部门、省属国有企业，也有金融机构，还有较多民营企业的参与。

（三）市县政府引导型旅游产业基金发展处于起步

本部分梳理和总结全国重点城市旅游产业基金的发展情况（为避免与上述的重复，剔除了北京、上海、天津、重庆四个直辖市），从表 3-3 看出，重点旅游城市设立政府引导型旅游产业基金的并不多。目前仅有烟台、西安、宁波、青岛、温州、成都等设立了政府引导型旅游产业基金。

表 3-3　重点旅游城市设立的旅游产业基金

重点城市旅游产业基金名称	成立时间（年）	主要发起人
山东海滨旅游产业发展基金	2015	海航旅游集团、山东财金投资集团、烟台区蓬莱区财金投资有限公司、烟台市财金投资发展集团
西安旅游发展基金	2018	西安产业投资基金、陕西建工第六集团、陕西旅游集团
青岛旅游产业发展引导基金	2016	青岛旅游集团
温州楠溪江文化旅游产业基金	2017	温州转型升级产业基金、杭州科地资本集团、永嘉旅游投资集团
兰州文化旅游发展基金	2017	华泰证券资产管理公司、北京和盈基金管理有限公司、兰州文化旅游产业发展有限公司
宁波文旅产业基金	2020	宁波文旅集团、中信出版集团、北京融达万峰旅游开发有限公司和无锡天工影业

资料来源：根据基金调研资料整理

总体上来看，市县一级政府引导型旅游产业基金成立的时间均不长，上述城市均出台了相应的产业基金管理办法，但还在处于旅游产业基金发展的探索阶段，通常规模不超过 50 亿元，个别城市目标规模在 100 亿元，而很多旅游产业基金尚在募资中，出资方资金并未充分到位。一些城市虽然成立了政府引导型旅游产业基金，财政资金也已经到位，但由于社会资本不到位或因为各种原因退出，使得旅游产业基金的实际运作出现了停滞或困难。还有一些旅游产业基金虽然资金到位了，但由于缺乏长远的规划，并且缺乏项目库储备和可以投资的项目，使得较多的政府引导型旅游产业基金在实践中难以落地。

（四）政府引导型旅游产业基金是全域旅游发展的新动能

1. 政府引导型旅游产业基金是促进旅游重点领域和薄弱环节发展的有效途径

近年来，随着全域旅游在全国上下如火如荼地开展，旅游业成为地方经济增长的新引擎，各地对旅游投资都有着巨大的需求，特别是对于旅游发展的薄弱环节和重点领域。2020 年，文化和旅游部联合 6 家金融机构确定全国文化和旅游投融资项目遴选结果，总投资 6194.1 亿元，除此之外的文化和旅游投资规模则更大。但同时也要看到，一方面，地方政府的财政资金均有限，往往难以有大量的资金投入旅游业重点领域和薄弱环节发展；另一方面，社会资本虽然有投资需求，但往往对旅游项目看不准、看不透，在信息不透明和缺乏政府引导下对旅游投资有顾虑，存在观望心态。而政府引导型旅游产业基金的作用就在于发挥政府性基金的引导作用，给予社会资本明确的投资指向，引导社会资本向地方旅游业发展的薄弱环节和重点领域。同时也起到政府信用背书的作用。

2. 政府引导型旅游产业基金是拓展民间资本参与全域旅游发展的重要渠道

以往旅游公共服务、旅游景区开发等领域更多是政府在主导，民间资本缺乏有效的进入渠道。随着各地政府引导型旅游产业基金的成立，为民间资本进入更多的旅游领域创造了有利条件，特别是政府引导型旅游产业基金投入一些旅游 PPP 项目，有助于拓展民间资本进入旅游公共服务和旅游景区开发的新渠道，释放全域旅游发展的活力。地方政府发起设立的引导型旅游产业基金往往还有相应的优惠政策配套，通过对重点旅游项目的投资，给予民间资本参与旅游产业发展的信心。

3. 政府引导型旅游产业基金是改善中西部地区旅游发展短板的重要方式

我国中西部地区旅游资源丰富，但经济水平相对欠发达，财政综合实力总体不强，单纯依靠政府投资往往难以支撑旅游业快速发展的需要。而政府引导型旅游产业基金的设立为中西部地区改善旅游发展短板、促进旅游扶贫提供了新契机，通过少量的财政资金撬动作用，吸引广大社会资本参与中西部地区旅游业发展，引导社会资本投向中西部地区优质的旅游资源。并且，政府引导型旅游产业基金投资的项目本身就具有示范和标杆作用，具有增信作用，可以吸引更多的社会资本往中西部地区集聚，促进中西部地区旅游发展短板的改善。

（五）政府引导型旅游产业基金是旅游业高质量发展的必然要求

当前，我国旅游业正向高质量发展转变，追求更加优质、高质量的发展方式，对旅游产业的发展和旅游投资方向提出了更高要求。虽然近年来我国旅游投资持续保持处于较快的发展水平，但旅游投资的非理性趋势更加明显，旅游投资高端化、大型化等现象更加突出，而对于广大游客需要的中低端旅游产品和业态投资却相对较少，导致旅游供需结构性矛盾更加突出。政府引导型旅游产业基金的重要作用就是要积极发挥政府对市场的引导力量，引导社会资本的投向，让旅游投资更加科学、合理和可持续，促进旅游产业发展、旅游产品供给更加均衡化、合理化，让广大人民群众可以享受到更加优质的旅游服务。

三、政府引导型旅游产业基金涉及的政府与市场关系

政府引导型旅游产业基金既涉及政府目标定位，也涉及市场目标定位，既要充分发挥政府对引导型旅游产业基金的指导作用，更要发挥市场在引导型旅游产业基金投资运作中的重要作用，二者不可偏废，需要寻找最大的公约数和平衡点。

（一）政府引导型旅游产业基金发展中的政府作用

相较于普通的私募投资基金，政府引导型旅游产业基金由于有政府财政的参与，在基金的出资、投资、风险控制、存续、退出等较多方面有较大的区别。政府引导型旅游产业基金是由政府主导发起设立，其运行就要体现出政府的投资决策意志，要发挥政府在引导旅游投资中的重要作用，但并不意味着政府方面要一管到底，而是适当的参与和管理，让更多的社会资本和力量参与基金的运作和管理，要充分体现出“政府引导、市场主体”的发展思路导向。从出资来看，各级政府出资设立政府引导型旅游产业基金，应当由本级财政部门将出资方案、政府出资额度纳入年度的政府预算，而上级政府也可以通过转移支付支持下级政府设立政府引导型旅游产业基金，也可与下级政府共同出资设立投资基金。从投资收益来看，政府引导型旅游产业基金的收入均要纳入地方财政当期的预算收入，而在基金清算或退出收回投资时，应当冲减当期财政支出。从政府引导型旅游产业基金的资产管理方面来看，各级财政部门要在财政总预算中完整准确反映政府投资基金中政府出资部分形成的资产和权益，尽量保证政府投资安全的前提下实现所投入的财政资金保值增值。政府引导型旅游产业基金应当定期向财政部门报告基金运行情况、资产负债情况、投资损益情况及其

他可能影响投资者权益的其他重大情况。此外，地方政府还应加强对本地设立的政府引导型旅游产业基金的监督管理，要建立政府引导型旅游产业基金的绩效评价制度，按年度对基金政策目标实现程度、投资运营情况等开展评价，有效应用绩效评价结果。当然，政府引导型旅游产业基金应当体现出地方政府对旅游产业发展的积极引导作用，但财政资金在基金中往往并不是第一大出资方，不能起到实际控制人的作用，而更多的是社会资本在发挥作用。因此，政府在政府引导型旅游产业基金中的作用应当是有限的权利，更多要在建立规章制度、审批基金设立方案、履行出资人职责、配合做好基金管理、对财政资金使用情况监督检查、规范基金投资项目退出及清算后财政资金的管理使用等方面发挥作用。

以往财政支持引导地方旅游产业发展更多是通过“撒胡椒面”的财政补助方式，由于点多面散，有限的财政资金投放在每个旅游项目的额度并不大，补助实际效果不佳，并不能很好地推动旅游产业的发展，也易造成财政资金的浪费，甚至会导致一些企业通过造假形式来获取财政补贴。而政府引导型旅游产业基金则是创新政府财政资金的支持方式，更多是体现在对地方旅游产业发展的引导作用，以财政“四两拨千金”，发挥财政资金的杠杆放大效应，吸引更多的社会资金重点投向当地需要发展的旅游新产品、新业态和重大项目。盈利能力虽然也是政府引导型旅游产业基金的考核目标之一，但通常并非是最主要目的，保持旅游产业基金微利或盈亏平衡来推动旅游产业发展是最佳的方式。

（二）政府引导型旅游产业基金发展中的市场作用

市场在产业基金运作和旅游项目投资上往往有更为成熟的经验。政府引导型旅游产业基金要更多应发挥市场的优势，采取国际通行的运作模式，依托专业化的投资管理，利用市场化的投资和退出机会，在有效控制风险的前提下，谋求基金各出资方的投资收益最大化。相较于政府部门在政府引导型旅游产业基金中的众多职能，社会资本在其中的主要职责和作用在于：参与基金的发起设立与出资、选择基金管理机构、参与基金的投资决策、日常运作和管理、做好基金的风险防控、获取基金的投资收益以及退出基金等方面。对于社会资本而言，旅游业虽然总体开放程度较高，但在旅游景区开发、旅游公共服务等领域的开放程度和市场化程度还不高，通过传统的投资渠道往往难以进入。而政府引导型旅游产业基金是政府与社会资本共同发起成立的基金，具有政府背景支持，更容易进入以往社会资本难以进入的投资领域，特别是一些地方政府引导型旅游产业基金通过旅游 PPP 模式投入景区、旅游公共服务，既促进了地方旅游业的发展，也拓展了社会资本进入旅游新领域的途径。而社会资本参与政府引导型旅游产业基金的发展，既是对地方政府在旅游产业发展方面的信心认同，同时也是为了更好地获取投资收益和回报。当然，市场化运作政府引导型旅游产业基金并不意味着不需要遵守相应的规范要求，和其他私募基金一样，政府引导型旅游产业基金的市场化运作需要在当前国家政策法规基础上，按照基金设立宗旨，可以进行适度的创新和突破，以实现经济效益和社会效益目标最大化。

政府引导型旅游产业基金既承载了地方政府对当地旅游产业发展的重要引导功能，要求符合当地旅游产业政策和发展规划，同时又承载着社会资本对旅游投资项目的盈利功能和要求，要求能够获得较好的投资收益和回报。因此，需要政府引导型旅游产业基金要在政府与市场二者之间的要求中寻找到平衡点，尽量能够同时满足二者的目标和诉求。

四、政府引导型旅游产业基金的发展瓶颈

政府引导型旅游产业基金近年来才兴起，由于起步相对较晚，发展经验和发展模式尚不成熟，还存在以下瓶颈问题需要解决：

（一）基金的政府和市场权责划分不明晰

政府引导型旅游产业基金通常由地方政府发起设立，主要任务是代表地方政府引导地方旅游产业发展，基金的设立目的很明确，不以追求盈利为首要目的。从政府层面来看，政府在旅游产业基金运作过程中应当积极履行公共服务职能，发挥政策引导和支持作用。这决定了基金应更多投向旅游业发展的薄弱环节，而并非赢利能力强的产品或项目。而从民间资本层面来看，民间资本参与政府引导型旅游产业基金的设立，往往占有更多的股份，要以追求赢利为主要目标，市场与政府的目标存在差异。因此，最终目标的差异是政府与民间资本的诉求冲突点，会对旅游产业基金的运作产生影响。尽管国家发改委、财政部等部门出台了政府性投资基金的规范文件以及各省市出台的政府引导型旅游产业基金的文件，但政府和市场的权责划分仍然存在模糊地带，政府往往会过度干预基金的运作发展，使得基金的市场活力不足，也会使基金的市场管理方缺乏运营积极性。

（二）基金发展缺乏有效的规范和指导

国家发改委、财政部等部门虽然出台了针对政府出资投资基金的规范性文件，但还缺乏专门在全国层面针对旅游行业的政府引导性产业基金发展规范。各省在成立政府引导型旅游产业基金的同时，一些省份也出台了相应的管理办法，但是规范性还相对偏弱，对政府引导型旅游产业基金的

发展指导性还不强。部分省份虽然成立旅游产业基金，但还缺乏政府层面的规范管理办法，并且各省之间还存在着较大的管理规范差异，特别是对于跨区域运作的政府引导型旅游产业基金而言，既会产生政策套利的现象，也会产生区域之间政策不协调影响投资运作的情况。此外，一些地方虽然成立了政府引导型旅游产业基金，但由于缺乏有效的规范和指导，并不清楚基金应该如何运作、如何规范投资，发展方向也不明确。

（三）基金引导旅游产业发展的功能作用不强

我国政府引导型旅游产业基金的发展还处于起步阶段，一些旅游产业基金虽然投资了一些旅游重点产业和重点项目，但更多是赢利能力较强的项目，并非属于需要投资的旅游薄弱环节和重点领域，对地方旅游产业发展的引导能力还不强。尽管近年来旅游业持续保持较快较好的发展势头，但各地符合基金投资要求的好项目相对较少，并且由于缺乏旅游产业基金投资项目库，也缺乏明确的地方旅游投资指引，往往难于有好的旅游投资项目可以落地实施。一些地方对旅游产业基金的运用倾向于投资可以快速盈利领域，而背离了产业基金设立的初衷。此外，一些地方旅游产业基金的总体规模偏小，能够用于投资的资金有限，缺乏对社会资金的引导和带动作用，在引导产业发展的作用并不突出，运行效率大打折扣。

（四）专业化的产业基金人才队伍不健全

政府引导型旅游产业基金对于旅游主管部门、民营企业、金融机构均是新事物，其健康、可持续发展需要大量专业化的人才。而当前既懂旅游，又懂产业基金运作的人才并不多。旅游主管部门和旅游企业中往往熟悉旅游业运作的人才多，但熟悉旅游产业基金运作的人才却相对较少；而现有的旅游产业基金管理团体主要来自各大金融机构，往往熟悉产业基金运作，但是对旅游产业的发展规律和发展模式并不了解，在旅游投资中也面临较大困惑。由于市场上缺乏复合型、专业化的管理人才，在一定程度上制约了政府引导型旅游产业基金的发展。

（五）基金的配套政策不完善

从国家层面来看，仅有原则性的文件支持，但缺乏具体的政府引导型旅游产业基金的配套政策支持。从地方层面来看，较多地方政府引导型旅游产业基金的发展尚未建立专门配套保障机制，其参与投资的旅游项目，还缺乏有效的政策保障，并且同样容易受到财政、发改、住建、水利、生态环保等部门约束性产业政策的影响，还需要加大统筹协调力度，争取旅游部门及其他涉旅部门的支持与配合。如很多地方较为现实的问题是旅游用地指标紧张，土地招拍挂成本太高，保障方面难度较大，新开发建设的旅游项目难于落地。并且政府引导型旅游产业基金的投资受到较多的限制，采取股权投资形式就不能采取债权投资形式，一些地方政府会规定政府引导型旅游产业基金必须要将主要的资金投向本地区，而一旦当地缺乏优质的旅游投资项目，政府引导型旅游产业基金则会面临空转的可能，影响到基金的运作和效益。

（六）基金信息披露机制不健全

从已有的政府引导型旅游产业基金来看，主动披露信息的几乎没有。即便在中国证券投资基金业协会网站信息公示栏目中，能够查询到的基金信息也仅限于基金名称、私募基金管理人名称、托管人名称、成立时间、备案时间等最基本情况，而对于广大投资人关注的基金投资项目、投资时间、投资收益以及风险控制、是否退出等情况，还缺乏有效的披露。一方面，由于当前的基金管理制度还不完善，还缺乏对包括政府引导型旅游产业基金在内的各类产业投资基金信息强制披露的机制；另一方面，由于政府引导型旅游产业基金所投资的很多项目并非上市公司，往往也并不愿意将自身的经营情况主动向外界披露，也缺乏主动披露的动力机制。由于缺乏有效的信息披露激励和约束机制，使得政府引导型旅游产业基金发展还存在不公开、不透明的情况，在一定程度上会影响外界参与产业基金的积极性。

五、政府引导型旅游产业基金的高质量发展要求

高质量发展是党的十九大首次提出的，指明了我国经济由高速增长阶段转入高质量发展阶段。高质量发展是新的发展理念，也是新的发展方式和路径，更加注重质量、效益、动力、活力、创新力、竞争力等综合方面，对于宏观经济发展具有重要的意义，对于微观产业经济发展同样具有举足轻重的意义。高质量发展是“十四五”时期乃至更长时期我国经济社会发展的主题。从文化和旅游领域来看，高质量发展也是当前产业发展的主线，2019 年、2020 年全国文化和旅游厅局长工作会议均提出，“以高质量发展为目标”，2021 年全国文化和旅游厅局长工作会议提出，“坚持高质量发展，推进旅游为民、发挥旅游带动作用”，高质量发展已经融入旅游产业发展的全过程。

对于政府引导型旅游产业基金而言，其存在的价值就在于更好地服务现代旅游业体系发展，必然也会有高质量发展的要求。特别是随着旅游业由高速增长发展阶段转向高质量发展阶段，进入小康旅游新时代，对于政府引导型旅游产业基金也随之自然会有高质量发展的要求。政府引导型旅游产业基金的高质量发展意味着不能走之前产业基金过去被证明失败的路，而要认清旅游产业发展趋势和发展规律、严格遵守金融监管体制的要求进

行发展，既要做到规范发展，又要有创新和突破，在经济效益、社会效益以及动力、活力等方面实现新发展。总体上，政府引导型旅游产业基金的高质量发展重点主要可以体现在两个方面：

一是加强基金的规范管理。随着我国金融监管体制不断完善，对于政府引导型旅游产业基金的合规性要求会越来越高。因此，自设立之日起，政府引导型旅游产业基金就必须在合法、合规的监管框架下发展，而不能随意突破监管框架去创新，不能允许存在违法违规的行为，募、投、转、退等一系列过程就必须时时遵守政府的法律法规，在此基础上进行创新和发展。

二是提升基金的绩效水平。政府引导型旅游产业基金不是纯财政无偿支持的补贴行为，而是要可持续发展的盈利行为，“政府引导，市场主体”是基金发展的基本原则导向。因此，高质量发展对于政府引导型旅游产业基金的绩效也提出了更高的要求。当然，政府引导型旅游产业基金并非完全市场化的产业基金，还带有政府政策色彩，单纯的盈利并非是绩效评价的主要内容，而社会效益也是绩效评价需要重点关注的内容。高质量发展要对政府引导型旅游产业基金的绩效进行综合评价，既要关注经济效益，也要关注政策效应、社会效益，还要关注可持续发展的能力。

第四章　政府引导型旅游产业基金的典型模式及运作机制

本章主要从投资模式、组织模式两方面分析了政府引导型旅游产业基金的典型模式，这两种模式的选择决定了政府引导型旅游产业基金采取的运行机制。在典型模式总结的基础上重点分析各类政府引导型旅游产业基金的设立、投资、运营管理、退出机制等运行机制。

一、政府引导型旅游产业基金的典型模式

（一）政府引导型旅游产业基金的组织模式

政府引导型旅游产业基金的组织模式决定了其自身的发展走向。2014年8月证监会出台的《私募投资基金监督管理暂行办法》，明确规定了私募投资基金的三种设立方式：公司制、合伙制以及契约制，这三种形式具备了存续的法制基础。政府引导型旅游产业基金作为私募基金，同样具备三种组织形式，分别是：有限合伙制、公司制、契约制。

上述三种组织形式中，有限合伙制是当前政府引导型旅游产业基金最

为主要的组织形式。按照《中华人民共和国合作企业法》规定："有限合伙企业由普通合伙人和有限合伙人组成，普通合伙人对合伙企业债务承担无限连带责任，有限合伙人以其认缴的出资额为限对合伙企业债务承担责任。"有限合伙人，通常又称为LP，普通合伙人通常又称之为GP。GP往往是基金管理人，负责对政府引导型旅游产业基金的日常运营和管理，一般要具有私募基金的管理资质和团队运营能力，要对基金的运行承担无限责任。LP主要是出资方，政府引导型旅游产业基金包括政府出资方和社会出资方。LP往往又分为几个等级，有劣后级和优先级。按照基金行业的惯例，在结构化设置中往往将战略合伙人作为劣后级LP，以劣后出资金额为优先资金安全垫，坚持劣后投资人不兜底、不承诺的原则，政府出资人往往是这种类型的LP；募集金融、银行或保险机构通常作为优先级LP，在收益分配时首先由优质级投资人收取本金及收益。目前政府引导型旅游产业基金的组织形式主要是有限合伙企业为主，既可以保障政府出资人在基金运作过程中承担有限责任，同时又可以保障金融机构和社会资本享有优先的投资收益权，有助于激励其积极参与政府引导型旅游产业基金的发起、设立和运营。

公司制的政府引导型产业基金是指基金完全按照规范的普通公司形式设立和运作，要满足《公司法》规定的系列要件，包括有限责任公司的股东人数必须是50人以下，股东以各自的出资额为限对公司承担有限财产责任，要设立股东会、董事会、监事会等。公司制的政府引导型旅游产业基金公司，由于政府是主要出资人之一，要向董事会、监事会派驻成员，参与公司决策机制。但由于公司制的政府引导基金在企业所得税以及投资人要在分红后缴纳个人所得税方面存在双重征税问题，因此，选择该种形式的基金并不多见，目前在旅游领域的政府引导基金采用公司制形式的尚未出现。

契约制的政府引导型产业基金主要是依据《证券投资基金法》《私募投资基金监督管理暂行办法》设立，通常不具有法人资格。契约制的政府引导基金运作，通常是由基金管理人、基金托管人、基金份额持有人三方来共同完成。基金份额持有人是基金的投资人，也是基金资金的所有权人，其发起设立契约制的政府引导产业基金，并且可以选择基金管理人和基金托管人。基金管理人则是根据基金的发起协议或者基金管理合同，负责基金的投资、管理、退出与分配等事务。基金托管人则是受基金份额持有人的委托，负责保管基金财产以及监督基金管理人的投资活动，一般是选择银行作为基金托管人。基金持有人通过契约方式出资设立产业引导基金，基金不需要在工商局注册。契约制的政府引导型产业基金在对外投资时，由基金管理公司代为行使投资权利和管理权利。契约制的政府引导型产业基金属于信托式的基金。目前政府引导型旅游产业基金也未有契约型的组织形式。

（二）政府引导型旅游产业基金的投资模式

政府引导型旅游产业基金的投资模式选择决定了其发展运作机制。从目前来看，政府引导型旅游产业基金从投资模式来看，主要有股权和债权两大类，股权类基金又可以细分为直接投资型的政府引导型旅游产业基金、母子基金型的政府引导型旅游产业基金两种形式。因此，政府引导型旅游产业基金的投资模式主要有直接投资类旅游产业基金、母子基金类旅游产业基金、债权类旅游产业基金三种模式。股权投资模式和债权投资模式通常只能二选一，采取股权投资模式就不能采取债权投资模式，反之亦然。目前较多的政府引导型旅游产业基金采取股权投资模式，这种模式下，只能以股权投资以及可转债方式对旅游项目进行投资，而不能采取债权的投资方式。债权投资方式同样受到严格限制，采取债权投资方式就不能同时采取股权投资方式，债权投资方式的杠杆作用较小，更多需要依靠出资人的资金实力来进行有效运作。已有的政府引导型旅游产业基金主要是股权类的产业基金，债权类的产业基金相对较少。

二、股权类旅游产业基金的运作机制

股权类旅游产业基金是我国政府引导型旅游产业基金的最主要形式，以下将从设立形式、投资运作、风险控制、收益分配、终止和退出等几个方面分析其运作机制。

（一）股权类旅游产业基金的设立形式

1. 股权类旅游产业基金的出资人

无论是省级政府引导型旅游产业基金，还是市县一级政府引导型旅游产业基金，通常均由地方财政出资发起设立，但财政资金所占的份额不大，往往不超过产业基金资金总规模的20%，其余部分则是吸引社会资本参与出资，并且社会资本的出资比例相较于财政资金要更大，占据主导地位。由于财政资金需要有具体的经营主体来行使投资人权利，一般由地方旅游行政主管部门或财政部门委托当地的国有旅游企业或者第三方企业作为财政资金出资代表。而对于出资到位方式，既存在财政资金、社会资本共同拨付至旅游产业基金账户的方式，也有一些地方政府规定财政资金不先于社会资本合伙人资金拨付至旅游产业基金账户，避免社会资金不到位影响政府引导型旅游产业基金的设立和运作。

2. 股权类旅游产业基金的设立类型

从现有的各级政府股权类旅游产业基金的类型来看，主要有两种类型：第一类是母子基金形式，即“1+N”形式，1是指母基金，N是指若干个子基金。母基金由财政出资设立，为引导基金性质，是整合区域旅游资源和对接战略投资人的战略平台。母基金不参与具体旅游项目的投资，在母基金下设若干个子产业基金，具体项目投资和运营由子基金负责。对于子基金，往往各地也有具体的要求。如青岛市旅游产业发展引导基金规定子基金应在青岛市辖区内注册，规模不少于 1 亿元。第二类是直接投资型的旅游产业基金，由财政资金与社会资本共同发起设立，不设立母子基金，可以直接进行旅游项目的投资。如北京市旅游产业发展基金规模 10 亿元，其中北京市财政投入 1.5 亿元，海航旅游集团投入 8.5 亿元，基金直接投向旅游产业领域。第二类的旅游产业基金出资人结构相对单一，更多是依托存量资金进行投资，财政的杠杆作用并不充分。目前较多地方设立政府引导型基金更多是采用母子基金模式，可以进一步发挥财政的杠杆作用，吸引更多的社会资本参与旅游业投资，将基金规模放大的倍数更大。

3. 股权类旅游产业基金的数量和规模

从各地的政府股权类旅游产业基金的数量来看，由于目前还处于起步阶段，各地的旅游产业基金数量并不多。财政部规定“各级财政部门应当控制政府投资基金的设立数量，不得在同一行业或领域重复设立基金”。各地对此政策落实较好，一个省份设立的省级政府引导型旅游产业基金往往不超过一只，一个城市设立的市级政府引导型旅游产业基金也不会超过一只，但省会城市可能存在既有省级政府引导型旅游产业基金，也有市级旅游产业基金，如西安市既有省政府设立的陕西旅游产业投资基金，也有西安市政府设立的西安市旅游产业基金。从股权类旅游产业基金的规模来看，通常均在 10 亿元以上，也有部分省份的旅游产业基金总体规模定位在 100 亿元以上，希望可以发挥对地方旅游业发展的重要支撑作用。

4. 股权类旅游产业基金的组织形式

财政部的政策规定政府出资基金可采用公司制、有限合伙制和契约制等不同组织形式。而从目前来看，股权类旅游产业基金的组织形式基本上是采取有限合作制，其中分为普通合伙人（通常简称 GP）和有限合伙人（通常简称 LP）。有限合伙制的旅游产业基金在结构化设置中将财政资金出资人作为劣后级 LP，以劣后级出资金额作安全垫，通常要实行劣后级投资人不兜底、不承诺的原则，而吸收的金融机构、社会资本机构作为优先级 LP，在收益分配时由优质级投资人收取本金和收益。基金管理公司通常是 GP，负责对基金的日常运营工作。

5. 股权类旅游产业基金的管理规定

按照财政部的规定，“政府投资基金出资方应当按照现行法律法规，根据不同的组织形式，制定投资基金公司章程、有限合伙协议、合同等（以下简称章程），明确投资基金设立的政策目标、基金规模、存续期限、出资方案、投资领域、决策机制、基金管理机构、风险防范、投资退出、管理费用和收益分配等”。从全国各地的政府引导型旅游产业基金来看，省级层面的政府引导型旅游产业基金基本上均出台了相关的管理办法或管理政策，而市级层面，有少数成立的政府引导型旅游产业基金尚未出台管理办法或规定，还处于发展的探索阶段，相关制度尚不健全和规范。有些省份则是先出台省市级的政府引导基金管理办法，从宏观层面对所在省份的各类政府引导基金进行规范管理，再出台专门的政府引导型旅游产业基金管理办法或规定，进一步对旅游产业基金发展进行规范管理和约束。

6. 股权类旅游产业基金的组织架构

各地成立的股权类旅游产业基金的组织架构形式有多种类型，既有成立了基金理事会，再下设若干个专门委员会的组织形式，也有在基金直接设立若干个专门委员会的形式。如北京旅游发展基金设立了投资决策委员会、风险控制委员会和投资顾问委员会，分别负责基金所有投资项目的投资和退出决策、风险控制事宜和咨询事宜。甘肃省设立甘肃省旅游产业投资基金管理委员会，由省政府分管副省长任主任，成员由省财政厅、省政府金融办、省旅游局、张掖市政府等部门和地方负责人组成，负责基金发起的规模和方式、投资领域和投资方向、对投资运营过程实施监督等重要事宜。云南旅游文化产业发展基金直接设立了投资决策委员会，作为投资决策和风险控制机构。青岛市旅游产业发展引导基金设立引导基金理事会，主要由青岛市旅游局、财政局、金融办等机构代表组成，负责确定引导基金的资金募集、支持方向，对引导基金合作设立子基金进行决策，协调解决引导基金日常管理中的重大事项等。可以看出，虽然各地的政府引导型旅游产业基金管理组织架构不尽相同，但往往均建立了投资决策机制和运营管理机制。同时，政府引导型旅游产业基金往往会委托专业化的基金管理公司来负责具体的日常运营管理。

（二）股权类旅游产业基金的投资运作

1. 股权类旅游产业基金的投资运作规则

政府引导型旅游产业基金应当按照“政府引导、市场运作，科学决策、防范风险”的原则进行运作，既要体现出地方政府对旅游产业发展的引导功能，也要体现市场化的运作方式，但在实践中，由于政府引导型旅游产业基金并非完全市场化运作的产业基金，政府引导往往会变成政府主导，而市场运作往往易受到影响难以较好实现。目前，政府引导型旅游产业基金通常均会制定基金的投资运行规则，以明确基金在实践中应该如何开展投资运作。

2. 股权类旅游产业基金的投资方向

从各地股权类旅游产业基金的投资方向来看，基金主要以投向于本区域为主，省级旅游产业基金主要投向于全省范围内，市县级旅游产业基金主要投向于本市县区域范围内。各地在设立旅游产业基金时会规定投资区域和投资领域的要求，如《云南省旅游文化产业发展基金管理办法》规定了基金的投资范围要经投资决策委员会认可且符合《云南省重点产业发展基金管理办法》要求的旅游文化产业及相关上下游产业。此外，一些政府引导型旅游产业基金会规定投资本地区项目的资金总额不少于基金可投资额总额的 80%，投资于旅游产业领域项目的资金总额不少于基金可投资金额总额的 80%。这主要是为了更好地发挥政府引导型旅游产业基金对于当地旅游产业发展的促进作用，如果旅游产业基金投资于外地以及非旅游领域项目过多，则会失去政府引导型旅游产业基金设立的意义。

3. 股权类旅游产业基金对产业投资比例的要求

股权类旅游产业基金的投资比例在全国层面并没有统一的要求，各地对此项投资比例的要求也不尽相同。较多地方的政府引导型旅游产业基金对投资比例均有明确规定，如《北京旅游发展促进基金管理办法（试行）》中规定："基金对一个被投资企业的累计投资总额不得超过基金认缴出资总额的 20%；基金对单一企业的参股比例最高不得超过该企业实收资本的 30%，并且基金不做被投资企业的第一大股东。"《青岛市旅游产业发展引导基金章程》规定："引导基金的出资比例最高不超过子基金实收资本的 25%，且不能成为第一大股东。"《甘肃省旅游产业投资基金管理暂行办法》规定："单个企业（或项目）投资额度原则上不超过基金总规模的 20%，确需超过的，由基金管理委员会和基金投资人另行审定，原则上不得控股。"可以看出，政府引导型旅游产业基金对旅游企业投资比例通常不达到实际控股地位，不做第一大股东，更多是要通过旅游产业基金的投资吸引其他社会资本进入同类项目或同类领域，通过参股引导社会资本投向，并获取股东投资权利和收益，而非成为投资企业的大股东去影响企业的经营决策。

4. 股权类旅游产业基金投资的限制性规定

按照国家发改委、财政部的相关规定，"政府出资基金不得从事融资担保以外的担保、抵押、委托贷款等业务；不得投资二级市场股票、期货、房地产、证券投资基金、评级 AAA 以下的企业债、信托产品、非保本型理财产品、保险计划及其他金融衍生品；不得向任何第三方提供赞助、捐赠（经批准的公益性捐赠除外）；不得吸收或变相吸收存款，或向第三方提供贷款和资金拆借；不得进行承担无限连带责任的对外投资；不得发行信托或集合理财产品募集资金”等。而较多地方出台的政府引导型旅游产业基金管理规定在此基础上，还会增加旅游产业基金的投资限制性规定，如旅游产业基金的闲置资金只能用于银行存款、购买国债或保本型的理财产品，并进行单独核算；旅游产业基金不得从事对外举债、担保、抵押、委托贷款等业务或明股实债等变相增加政府债务的行为等。另外，对于政府引导型旅游产业基金投资中涉及关联交易的，往往会建立相应的利益回避机制，以防止旅游产业基金成为关联交易、规避监管的平台。

5. 股权类旅游产业基金的投资决策机制

股权类旅游产业基金通常会设立投资决策委员会，对项目投资的立项、投资、投后管理重大事项及退出进行专业决策。较多的投资决策委员会既包括基金管理公司的管理人员，也包括聘任部分与基金没有关联的行业专家。地方政府会委托出资代表向基金委派投资决策委员会委员，并赋予其特殊的权限，如对于违反国家或当地产业政策或者旅游产业基金经营范围和投资方向的事宜，可以行使“一票否决权”，以此来确保政府引导型旅游产业基金投资的政策导向和合法合规性。当然，对于政府出资代表行使“一票否决权”并非是现行法律规定，而是需要在旅游产业基金的有限合伙协议书中明确约定，也需要得到参与旅游产业基金合伙人的认可。对于投资决策委员会研究的正常投资运作行为，政府并不能进行直接干预，政府的投资意志需要通过投资决策委员会以投票表决方式来决定投资事宜。部分地方还建立了多层次的投资决策机制，如云南旅游文化产业发展基金根据投资金额分为两个层次的投资决策机制，对单个项目投资总金额不超过人民币3亿元的投资由投资决策委员会直接进行投资决策，而单个项目投资总金额超过3亿元的投资需首先经过投资决策委员会进行投资决策，通过后再报合伙人会议审议。

（三）股权类旅游产业基金的风险控制

1. 股权类旅游产业基金的风险管理方式

财政部规定“政府投资基金应当遵照国家有关财政预算和财务管理制度等规定，建立健全内部控制和外部监管制度，建立投资决策和风险约束机制，切实防范基金运作过程中可能出现的风险”。从目前来看，已有的股权类旅游产业基金均建立了相应的内部控制和外部监管制度、风险约束机制，通过完善投资决策过程控制、投后管理、日常审计、银行托管、专业机构审计等风险管控制度，严格规范投资项目征集、筛选、预审、投入、退出等管理工作，确保基金投资活动风险可控，部分旅游产业基金设立了风险控制委员会，负责基金所有项目的风险控制事宜。目前，股权类旅游产业基金的日常风险防控主要是由基金受托管理机构密切跟踪旅游产业基金经营和财务状况，防范财务风险。较多地方的政府引导型旅游产业基金规定中明确要求，一旦旅游产业基金的使用出现违法违规和偏离政策导向等情形，引导基金有权终止合作。

2. 股权类旅游产业基金的资金托管形式

国家发改委规定“基金应将基金资产委托给在中国境内设立的商业银行进行托管。基金与托管人签订托管协议，托管人按照协议约定对基金托管专户进行管理”。财政部规定“政府投资基金应选择在中国境内设立的商业银行进行托管。托管银行依据托管协议负责账户管理、资金清算、资产保管等事务，对投资活动实施动态监管”。目前，较多股权类旅游产业基金均指定了基金的托管银行，如《北京旅游发展促进基金管理办法（试行）》中规定“由出资代表按照规定选定境内商业银行，作为基金的资金托管银行”。《青岛市旅游产业发展引导基金章程》中规定“引导基金及参股子基金应当委托符合条件的金融机构进行托管”。可以看出，通过银行将旅游产业基金的资金进行托管已成为基金资金管理不可或缺的程序。

3. 政府部门及出资代表的监督管理职能分工

政府引导型旅游产业基金涉及财政部门，也涉及旅游部门，还涉及财政资金出资代表（通常是第三方企业），对旅游产业基金要履行相应的监督管理职能。对于财政部门而言，主要履行财政出资的预算审核及拨付，不定期对财政资金使用情况进行监督检查，对投资旅游项目进行绩效考核，规范基金项目投资项目退出及清算后财政资金的管理程序，以及联合旅游部门制定资金管理办法等职能。对于旅游部门而言，主要履行审批基金设方案，对基金投资项目的合规性进行实质审查，对财政资金使用情况进行全程监管，选择出资代表方等职能。对于出资代表而言，主要履行基金资金托管的权利、义务及承担相应的责任，以出资额为限代表政府行使出资人权利，向基金派遣投资决策委员会委员，通过合伙人大会以投资决策委员会行使权利，监督其他基金出资人资金到位情况，配合财政和旅游部门做好基金管理工作，向财政部门和旅游部门定期提供基金的发展报告，接受财政部门和旅游部门的监督检查等职工。财政部门、旅游部门以及财政资金出资代表三方的职能既相互联系，又密切配合，需要共同加强对政府引导型旅游产业基金监督管理。

（四）股权类旅游产业基金的收益分配

1. 股权类旅游产业基金的收益分配形式

股权类旅游产业基金要遵循“利益共享、风险共担”的原则，要明确约定收益处理和亏损负担方式，但通常不会承诺基金的约定投资收益率或最低投资收益。对于归属政府的投资收益和利息等，除明确约定继续用于投资基金滚动使用外，要按照财政国库管理制度有关规定及时足额上缴国库。而对于股权类旅游产业基金的亏损则应由出资方共同承担，政府财政以出资额为限承担有限责任。对于母子基金形式的子基金发生亏损或破产清算，通常由子基金管理机构以其对子基金的出资额承担损失，剩余部分则由母基金和全体出资人按比例承担。但也有一些地方的政府引导型旅游产业基金规定，对于由于某一项投资项目产生的亏损，仅由参与该投资项目的有限合伙人承担，参与该投资项目的有限合伙人之间就该投资项目的亏损的分摊比例为每一名该等有限合伙人在该投资项目中的承诺认缴出资额的相对比例，而未参与该投资项目的有限合伙人不分摊该投资项目产生亏损。

2. 股权类旅游产业基金的管理费用

股权类旅游产业基金的运作通常是委托专业化的基金管理公司来运作，需要支付相应的基金管理费用。如甘肃省旅游产业投资基金规定了基金管理公司的委托管理费用原则上最高不超过 1.5%。云南省文化旅游产业发展基金规定了基金管理公司每年的管理费为全体合伙人实缴出资余额的 2%。青岛市旅游产业发展引导基金规定了受托管理机构可以按照引导基金当年对外投资额的 2% 加上引导基金上年度末实际对外投资额的 0.5% 计提管理费。也有一些地方的政府引导型旅游产业基金为了更好地激励基金管理公司的运营和管理，会在存量的基金管理费用基础上给予一定的增量管理费用奖励，如甘肃省旅游产业投资基金的主发起人对于投资效益显著的项目，可从项目投资收益中提取 5% 用于对基金管理公司的业绩奖励；对于投资亏损较大的项目，主发起人可以该项目亏损额的 5% 扣减基金管理公司的管理费用。可以看出，并非是无论基金经营情况好坏都可以提取管理费用，亏损时也会面临管理费用的扣除。

（五）股权类旅游产业基金的终止和退出

1. 股权类旅游产业基金的存续期限

各地的股权类旅游产业基金的存续年限一般时间均不长，较多在 7 年左右，最长的也不会超过 10 年。如北京旅游产业基金的存续期是 7 年，最长不超过 10 年；青岛旅游产业发展引导基金子基金的存续期限原则上不超过 7 年，确需超过 7 年的，经理事会批准，可适当延长，总存续期限不得超过 10 年；云南旅游文化产业发展基金的存续期为 7 年，根据合伙企业的经营需要，经全体合伙人通过，可将存续期延长 2 次，每次的延长时间不得超过 1 年，最长为 9 年。股权类旅游产业基金的设立更多起到的是产业引导作用，并不等同于风险投资、天使投资等基金，10 年左右的存续期限既充分考虑到项目投资周期和利润回报周期，同时又考虑到如果存续周期过长，则起不到引导产业的作用，会变成长期投资。

2. 股权类旅游产业基金的终止和退出机制

我国的股权类旅游产业基金终止和退出主要有两种方式：一种是基金到期正常的退出方式；另一种是基金非正常的退出方式。政府引导型旅游产业基金到期达到投资年限或者约定退出条件时，可以采取公开上市、股权转让、股份减持、股东回购以及解散清算等方式实现投资退出，一般应当在存续期满后终止。股权类旅游产业基金终止后，应当在各方出资人监督下进行清算，政府出资额及收益，按照财政国库管理制度有关规定及时足额上缴国库，对于其他投资机构的出资额及收益则按基金成立时的约定退出。一些地方政府会鼓励引导基金从子基金中尽快退出，以提高财政资金的循环使用效率，如甘肃省旅游产业投资基金规定子基金其他股东或社会投资者 5 年内购买引导基金股权的，报理事会研究可享受优惠政策。而对于政府引导型旅游产业基金的非正常退出，主要包括基金方案确认后超过一年，未按规定程序和时间要求完成设立手续的、政府出资拨付投资基金账户一年以上，基金未开展投资业务的、基金投资领域和方向不符合政策目标的、基金未按章程约定投资等情况，政府出资无须要其他投资人同意可以选择提前退出，退出后由政府与社会资本出资方按照约定和出资比例进行出资额返还。

三、债权类旅游产业基金的运作机制

债权类旅游产业基金是我国政府引导型旅游产业基金的另一种类型，但目前并不多见，以下将从发起设立、投资运作、风险防控、收益分配及退出等方面分析其运作机制。

（一）债权类旅游产业基金的发起设立

1. 债权类旅游产业基金的设立形式

相较于股权类的旅游产业基金，债权类的旅游产业基金主要是以债权方式为旅游产业发展提供资金支撑。目前省级层面的政府引导型旅游产业基金仅有江苏省采用这种模式。从资金来源上来看，债权类政府引导型旅游产业基金也是由财政预算安排以及基金运营的滚动收益作为资源来源。如《江苏省旅游产业基金管理办法》规定“鼓励市县财政和社会资本出资入股，壮大基金规模”。江苏省旅游产业基金主要是省级财政支持为主，同时鼓励市县级的财政参与，也鼓励社会资本参与，但财政资金往往是占据主导作用。

2. 债权类旅游产业基金的规模

债权类政府引导基金主要由财政出资，由于采取债权形式，并且社会资本的参与度不高，不能较快地实现放大财政的杠杆效应，其规模通常不会太大，往往不超过20亿元的资金规模。

3. 债权类旅游产业基金的组织形式

从债权类政府引导基金的管理来看，其会设立基金管委会，管委会成员往往由财政、旅游等部门及相关人员组成，主要负责基金重大事项的决策和协调，包括筹集资金、建立规章制度、投资决策、风险控制、绩效评价以及监督检查等。同时，由专业化的基金管理机构来专门负责基金的日常运营管理，基金管理人的确定通常由基金管理委员会以政府购买服务方式实现。

4. 债权类旅游产业基金的管理规定

从国家层面来看，由于债权类旅游产业基金在实践中并不多见，尚未出台专门针对这类旅游产业基金的管理规定，而是由地方自行制定相应的管理办法。如江苏省2016年出台了《江苏省旅游产业发展基金管理办法》，2017年出台了《江苏省省级旅游业发展专项资金管理办法》的政策文件，对江苏省省级旅游产业发展基金的债权投资、融资担保等进行了规范和约束，提出有偿扶持，通过引入银行、担保、投资基金等第三方，采取债权投资、融资担保等市场化的扶持方式支持全省旅游业发展。

（二）债权类旅游产业基金的投资运作

1. 债权类旅游产业基金的投资规则

债权类旅游产业基金投资往往只提供贷款和融资担保等方式，类似于银行信贷模式，一般贷款和融资担保的期限并不长，金额也相对较小，并且受限于现有的信贷政策要求，利率水平不能超过银行同期贷款基准利率。但同时，由于债权类旅游产业基金的资金有限以及对资金回收和滚动使用有较高的要求，因此，往往贷款期限不高于3年。如《江苏省旅游产业基金管理办法》规定“流动资金贷款期限不超过 1 年，固定资产贷款期限不超过 3 年”，“单个企业（或项目）授信额度不超过 2000 万元。确需超过 2000 万元的，报基金管理委员会审定”。江苏省旅游产业发展基金就是采取债权投资方式，主要支持旅游度假区、旅游景区、乡村旅游、旅游商品、旅游新业态等项目建设，以不超过银行同期贷款基准利率，时间最长不超过 3 年的贷款方式为旅游项目提供贷款融资支持。债权投资方式是目前较为特殊的方式。当然，依据旅游产业基金规模的变化以及所投资项目的重要性程度，基金管理委员会适时调整对单个企业（或项目）的最高授信额度。

2. 债权类旅游产业基金的项目选择

从现有仅有的债权类旅游产业基金投资项目筛选机制来看，主要采取的是动态申报机制，即由文化和旅游部门、财政部门每年联合基金项目申报通知，由各设区市、县（市）文化和旅游主管部门、财政部门组织项目申报。相对于股权类产业基金往往是主动寻找投资项目，债权类产业基金更多是项目要主动找资金，二者的投资路径和思路并不相同，主要在于股权类旅游产业基金更加重视投资项目本身的发展前景，要发挥对地方旅游产业发展的引导作用；而债权类产业基金更重视在现有的旅游产业支持范围内解决好企业的融资问题。

3. 债权类旅游产业基金的投资方向

债权型旅游产业基金投向主要有几个方面：一是区域重点发展的旅游项目，如旅游度假区、旅游景区、乡村旅游、旅游商品、旅游新业态等项目建设；二是重点区域旅游项目的倾斜支持，如江苏省旅游产业基金对市县财政出资入股的，基金将按不低于其出资额的三倍对该地区进行投放；三是兼顾区域和旅游业态的平衡，促进区域内旅游业全面发展。从旅游产业发展功能引导来看，在一定程度上，债权类旅游产业基金设立的目的同样是为了更好地促进旅游产业发展，但从基金本身来看，由于大部分资金由政府财政出资，吸引社会资本能力不强，放大基金规模的作用有限，因此，基金的投放能力受到较大的制约。

4. 债权类旅游产业基金的投资限制

从投资禁止性规定来看，债权类旅游产业基金与股权型旅游产业基金类似，不得从事股票、股票类投资基金、期货等衍生品和旅游业以外的其他产业类项目投资，同样也是为了防止基金的使用偏离设立的宗旨和目标，也避免产生不必要的运营风险。相较于股权类旅游产业基金，债权类旅游产业的风险控制能力要明显更强。

（三）债权类旅游产业基金的风险防控

从基金的风险防控来看，债权类旅游产业基金的防控机制较为健全，通常会建立事前、事中和事后的系统监管机制。

1. 贷前风险控制

债权类旅游产业基金一般会由财政部门和文化和旅游部门成立的基金管理委员会对地方申报的项目进行审定，由基金管委会将审定后的项目推荐给基金管理人。基金管理人在项目贷前会由基金管理人进行贷前尽职调查，确认项目资料完整真实，符合贷款协议要求，并向基金管理委员会及时通报信息。

2. 贷中和贷后风险控制

在贷款中，基金管理人要按照财政资金国库账户管理的规定开设专户，专账核算，封闭运营。基金管理人要负责跟踪和了解有偿使用基金项目的组织实施和资金使用情况。同时，基金管委会按年度对基金管理人进行绩效考核，以更好地促进基金管理人加强对投资项目的风险防控。基金还要接受同级审计机关的审计监督。财政部门和文化和旅游部门往往会采取不定期抽查和重点检查相结合的方式，对项目实施和资金使用会进行监督检查，跟踪项目实施进度和资金使用情况，以确保专项资金按规定用途使用。

（四）债权类旅游产业基金的收益分配及退出

1. 债权类旅游产业基金的收益分配

从运作方式来看，债权类旅游产业基金同样属于以市场化方式运作的政策性基金，并非是对企业无偿援助的，虽然是财政出资，但和金融机构的信贷类似，同样需要还本付息。债权类旅游产业基金采取债权投资形式，其收益并非来自投资旅游企业的盈利分红，而是来源于旅游企业的借贷利息收入，由于基金对单个项目的债权投资额度通常并不高，并且贷款期限相对较短，因此，基金收入并不会太高。债权类旅游产业基金更多体现的是政府对于地方旅游产业发展的引导和扶持作用，赢利能力并非是其主要考虑因素，但也会关注所投资企业的风险防控水平。

2. 债权类旅游产业基金的退出机制

从退出机制来看，债权类旅游产业基金并未有明确的存续机制，因此，其并不存在到期的问题，其存续主要取决于地方财政部门和文化和旅游部门是否愿意支持该类基金的存续。由于并未有相应的退出机制，且这类基金的资金来源相对单纯，均为财政资金，目前证监会对此也尚未有相应的规范政策。因此，债权类旅游产业基金并无与股权类旅游产业基金类似的多元化、市场化的退出机制，一旦地方需要解散该类基金，主要采用解散清算的方式。

当然，债权类旅游产业基金也存在一定的劣势，由于旅游项目投资规模和资金需求量均比较大，债权类投资基金单个项目的投资金额相对较少，难以满足项目的资金需求，可以探索在条件成熟的项目开展股债并投试点，进一步提高基金绩效。

四、各类政府引导型旅游产业基金的运作机制比较

从上述分析来看，直接投资类旅游产业基金、母子基金类旅游产业基金、债权类产业基金既有共同点也有区别。从表 4-1 可以看出，直接投资类旅游产业基金与母子基金类旅游产业基金的共同点较多，与债权类产业基金存在较大的区别。

表 4-1　各类政府引导型旅游产业基金的运作机制比较

模式	直接投资类旅游产业基金	母子基金类旅游产业基金	债权类产业基金
出资人	财政出资和社会资本	财政出资和社会资本	财政资金
基金数量	本区域内一般只有一家	本区域内一般只有一家	本区域内一般只有一家
基金规模	往往在 10 亿元以上	往往在 10 亿元以上，甚至超过 100 亿元	不超过 20 亿元
投资形式	直接股权投资	股权投资，但母基金不能直接投资，要设立子基金投资	债权投资
投资方向	区域内有潜力的旅游企业或项目	区域内有潜力的旅游企业或项目	区域内有潜力的旅游企业或项目
投资决策机制	设立投资决策委员会，政府不直接干预投资决策	设立投资决策委员会，政府不直接干预投资决策	政府设立理事会，通过地方上报投资项目进行筛选
投资限制	通常有投资比例限制，不做第一大股东。禁止投资股票、股票类投资基金、期货等衍生品。	通常有投资比例限制，不做第一大股东。禁止投资股票、股票类投资基金、期货等衍生品。	对债权投资有额度限制。禁止投资股票、股票类投资基金、期货等衍生品。
投资收益	按合同约定盈利收益分配	按合同约定盈利收益分配	收取固定的利息
风险防控	政府参与风险防控制度建设，但主要由基金管理公司来承担风险防控责任	政府参与风险防控制度建设，但主要由基金管理公司来承担风险防控责任	主要由政府部门来承担风险防控责任

续表

模式	直接投资类旅游产业基金	母子基金类旅游产业基金	债权类产业基金
存续期限	7~10 年	7~10 年	长期存在
终止和退出	公开上市、股权转让、股份减持、股东回购以及解散清算	公开上市、股权转让、股份减持、股东回购以及解散清算	政府政策性终止后解散清算

从出资人来看，直接投资类旅游产业基金和母子基金类旅游产业基金的出资人均包括财政资金和社会资本，而债权类旅游产业基金出资人往往只有财政出资人，社会资本参与的并不多。因此，从出资人角度，就可以区分三类旅游产业基金相应责任的承担主体。股权类旅游产业基金主要是吸引社会资本参与，基金的运作更多要发挥市场的力量，而债权类旅游产业基金主要是地方财政出资，基金的运作更多是要发挥政府的重要作用。从基金数量来看，三类旅游产业基金在本区域内一般只有一家出现，主要是为了避免财政资金的分散不利于扶持地方旅游产业发展。

从基金规模上来看，母子基金类旅游产业基金规模最大，财政资金的杠杆放大效应较大，往往在 10 亿元以上，一些规模较大的甚至还会超过 100 亿元；直接投资类旅游产业基金规模往往在 10 亿元以上，但通常不会超过 100 亿元；而债权类旅游产业基金主要依靠政府财政出资，即便是东部沿海发达地区，往往规模也不会超过 20 亿元。基金规模区别是三类旅游产业基金的重要区别。

从投资形式来看，直接投资类旅游产业基金可以直接开展股权投资，而母子基金类旅游产业基金的母基金不能直接投资，必须通过设立的子基金对外股权投资。债权类旅游产业基金则是以债权形式进行投资，主要是以发放贷款、融资担保等形式支持旅游企业发展。投资形式也是这三类旅游产业基金的区别所在。

从投资方向来看，三类旅游产业基金的投资方向基本相同，重点是要扶持本区域内有发展潜力的旅游产品和旅游项目，通常会要求优先投向地方旅游发展规划中提出的重点产业和重点项目。

从投资决策机制来看，直接投资类和母子基金类两类旅游产业基金基本相同，通常设立投资决策委员会来进行投资决策，政府不直接干预投资决策，会派出投资决策委员来行使政府出资人职能；而债权类旅游产业基金则由政府设立理事会，由理事会来对上报的投资项目进行筛选并决策，政府在其中会发挥决定性的作用。

从投资限制来看，三类旅游产业基金均会对旅游投资的投资区域和投资比例等有限制，股权类旅游产业基金更多是限制单个企业投资比例、区域旅游项目投资比例以及不作为第一大股东等，而债权类产业基金则是更多限制贷款额度和贷款期限。并且三类旅游产业基金的投资禁止性规定类似，即基金不得从事股票、股票类投资基金、期货等衍生品和旅游业以外的其他产业类项目投资，主要是为了避免基金的运行偏离既定目标和轨道。

从投资收益分配来看，股权类旅游产业基金的投资收益往往是按照合伙协议约定，既可以是同股同权的收益分配，也可以是同股不同权的收益分配方式；而债权类旅游产业基金的投资收益则是固定的，需要所投资企业到期还本付息。

从风险防控责任主体来看，直接投资类旅游产业基金、母子基金类旅游产业基金的风险防控责任主体在基金管理公司，政府部门虽然会参与前期的风险防控制度建设，但并不会直接干预基金管理公司对基金运行风险的管理和防控。而债权类旅游产业基金的风险防控责任主体是地方政府，对基金的风险防控建立事前、事中、事后的监管，基金管理公司则更多是起到配合风险控制的作用。

从存续期限来看，股权类旅游产业基金均有存续时间限制，存续期限通常在7~10年。而债权类旅游产业基金的存续期是长期的，没有明确的期限约束，其存续时间取决于地方财政相应的制度安排，如没有明确规定期限，则可视为长期存续。

从终止和退出来看，股权类旅游产业基金存续期满或提前退出时，通常要按照公开上市、股权转让、股份减持、股东回购以及解散清算等几种方式进行；而债权类旅游产业基金由于没有存续期限限制，一般要终止或退出时，往往是政策性终止，只有通过解散清算一种方式来终止和退出。

五、政府引导型旅游产业基金的案例研究

通过对北京、陕西、浙江、四川等省级政府引导型旅游产业基金以及青岛、烟台、西安等市级政府引导型旅游产业基金的调查研究，结合旅游产业基金发展情况，从中选出北京、陕西两只具有代表性的旅游产业基金作为本研究的案例进行分析。

（一）北京旅游发展基金发展分析

1. 北京旅游发展基金的发展现状

北京旅游发展基金成立于2012年，由北京市财政投入1.5亿元、海航旅游集团投入8.5亿元共同发起设立，首期规模10亿元。北京旅游发展基金由北京市财政局、北京市文化和旅游局共同管理，履行政府出资人的角色。北京旅游发展基金在中国证券投资基金业协会进行了备案，定期向协会提交基金的发展信息。北京旅游发展基金由北京京旅盛宏投资管理有限公司进行管理，目前，北京旅游发展基金共投资了4个项目，主要是上海的金鹰航空、天津的易生金服、北京的直升机、福建的智慧旅游企业，各

个企业投资的金额均在千万元以上，取得了一定的成效。在投资导向上，虽然重点投资于旅游项目上，但现有的旅游投资项目多数不在北京市，而主要分布于上海、天津、福建等区域，基金对北京本地的旅游产业发展引导功能有限，并且主要投向于直升机、旅游信息、公务航空等赢利能力较强的企业，在投资导向规范上还有较大的改善空间。

2. 北京旅游发展基金的典型特征

北京旅游发展基金主要有四个特点：一是政府和市场同股同权，但政府对于旅游发展基金不承诺保底，不提供担保，既是为了避免变成明股实债，也是为了避免承担无限责任的风险。二是基金完全采取市场化运作，政府不对基金的日常运作进行干预，仅通过设立的机构监督基金投向和发展方向。目前北京旅游发展基金设立了三个内部机构：投资决策委员会、风险控制委员会、顾问委员会。投资决策委员会由专家和出资方代表，委托北资基金管理公司代持管理（3 人小组管理）、海航集团派出一名专家，以及 2~3 名业内专家，组成投委会，负责投票表决投资事宜，投委会成员均具有旅游投资方面的专业能力；风险控制委员会主要对投资前的风险防控，作尽职调查，投资前的风险把控，北京旅游发展基金在风险防控机制建立、风险防控能力方面的规范性程度较高，建立了有效的风险防控机制，风控队伍健全，要求被投资企业按时提交审计报告；顾问委员会由旅游行业资深专家组成，为北京旅游发展基金提供重大咨询服务。三是投资决策一票否决制，市文化和旅游部门和财政部门对于违反北京旅游产业发展方向或基金发展方向的事务可以采取一票否决制，避免基金投资偏离设立的初衷。四是明确限制了基金的区域投向和企业投资结构。已出台的《北京旅游发展促进基金管理办法（试行）》（以下简称《办法》）明确规定了两个 80% 原则，即不低于 80% 的投资投向于北京，所投资项目不低于 80% 在旅游项目。除了“双 80”的比例要求，《办法》还规定基金对一个被投资企业的累积投资总额不得超过基金总额的 20%，对单一企业的参股比例最高不得超过该企业实收资本的 30%，不做参股企业的第一大股东，避免成为所投资企业的实际控制人，干预企业的正常发展。

3. 北京旅游发展基金面临的瓶颈

一是出资人结构单一。北京旅游发展基金的出资人少，发起资金仅有 10 亿元，采取直接投资模式，未设立子基金，更多是依托现有的存量资金进行投资，财政的杠杆作用并不充分，引导社会资本参与旅游投资的功能略显不足。二是主要采取股权投资形式，债权投资受限制。按照政府引导基金的相关管理规定，基金采取了股权投资形式就不能采取债权投资形式，使得旅游发展基金在开展投资时受到一定的限制，投资方式还不够灵活。通常好的旅游项目盈利能力强，并不愿意受让股权引入外来投资者，而其他非政府引导型产业基金由于可以接受债权投资形式，相对更容易获得投资机会。三是受到当前旅游政策限制较多。尽管北京旅游发展基金属于政府引导基金性质，但在实际上受到的涉旅相关的政策约束较多，难以有效发挥出应有的重要作用。如北京市目前建设用地指标较为紧张，未来的用地指标还将进一步收缩，新开发建设的旅游项目要获取旅游用地指标不易，项目难以落地。四是引导产业发展的作用还不强。作为全国较早设立的政府引导型旅游产业基金，北京旅游发展基金的引导产业作用能力并不突出。一方面是由于基金的本身规模相对较小，仅有 10 个亿的存量资金，对于整个北京旅游市场的投资引导相当于杯水车薪；另一方面，基金管理人更注重于财政资金的保值增值，投向于营利能力较强的项目，虽然投资运营收益相对较高，但政策目标未能得到很好落实，基金在政策目标方面还有较大的改善提升空间。目前投资的旅游项目并非是需要扶持的重点产业，而是营利能力较好的项目。虽然现有投资项目对于提高财政的赢利能力有帮助，但由于投资规模小，缺乏对社会资金的引导和带动作用，在引导北京本地旅游产业发展的作用并不突出，应该有的功能没有发挥出作用来。

4. 北京旅游发展基金的管理

针对北京旅游发展基金的管理，北京市出台了《北京旅游发展促进基金管理办法（试行）》（以下简称《办法》），主要从财政方面进行了约束和规范。《办法》对北京旅游发展基金的出资形式进行了明确，包括闲置资金只能用于银行存款、购买国债或保本型的理财产品，并进行单独核算。对基金的投资方向、比例以及投资决策也进行了相应的规定。此外，明确了北京市财政部门和旅游部门各自的职能定位，财政部门主要职能是对财政资金预算审核批复，对财政资金使用情况进行监督检查，对重大项目实行绩效考评，对基金投资项目退出及清算后的财政资金进行管理等。而旅游部门的主要职能是审批基金设立方案及相关材料，对基金投资项目的合规情况进行审查，对财政资金使用情况进行全过程监管，对出资代表进行监督检查。北京市财政部门会对基金运行开展年度检查，审计部门对基金会开展年度审计监督。在信用中国上可以查询到其信用记录，但在高管人员信用记录方面还不完善，需要进一步补充完善高管人员的信用记录及加强信用管理。

5. 北京旅游发展基金的发展趋势

北京旅游发展基金是政府引导型旅游产业基金的典型代表，未来随着政府引导基金整个行业发展趋于成熟以及其自身的逐步成长，北京旅游发展基金的发展趋势将体现以下几个方面：一是旅游产业基金规模将会逐步扩大。随着北京旅游产业的发展，对旅游发展基金将会有越来越多的需求，对旅游产业基金的资金规模也会提出更高的要求，资金规模将进一步扩大，同时，未来的出资人结构将趋于多元化，特别是可以通过引进一些旅游头部企业作为发起人，有助于旅游发展基金的市场开拓。二是旅游投资项目库将更为健全。从现有经验来看，不少政府引导型旅游产业基金由于事先未能建立旅游项目库，缺乏可以直接投资的储备项目，在实践中要在较短时间内去寻找合适的项目投资有较大难度，会直接影响到基金的投资运作。三是政府引导基金的产业引导功能将更加凸显。北京旅游产业基金经过几年的运作，在投资方向和投资领域上将会更加明确，以扶持有发展潜力的北京旅游企业为主，更多体现的是扶持性质，而非单纯的营利性质，因此，收益率不会定得太高。通过明确对北京本地的旅游投资导向，提高旅游产业基金投资项目与扶持旅游产业的关联度，进一步促进北京旅游新业态发展。四是终止和退出流程将更加规范。从终止和退出规范方面来看，北京旅游发展基金目前仍在运营中，尚未进入终止和退出阶段，因此，对这方面的评价主要从其是否建立了相应的规范制度来进行分析。北京旅游发展基金对自身的存续约定了清晰的存续时间 10 年，约定了到期后的退出方式和资产清算流程，但其并未约定提前退出的方式，还将会加强这方面的规范，以避免遇到突发情况而不能采取规范有效的退出措施。

（二）陕西旅游产业投资基金发展案例分析

1. 陕西旅游产业投资基金的发展现状

陕西是我国的旅游大省，旅游资源丰富，长期以来，较多旅游资源分散掌握在各级地方政府手中。由于缺乏有效的市场开发手段，陕西旅游资源的开发还不充分，在一定程度上制约了旅游业的发展。而陕西旅游产业投资基金的成立正逢其时。陕西旅游产业投资基金是陕西省政府成立的省级政府引导型旅游产业基金。2015 年 2 月，陕西旅游集团作为基金主发起人；2015 年 5 月，陕西国开旅游产业基金管理有限公司作为基金管理人公司正式成立，并于同年 7 月 17 日在中国证券投资基金业协会备案成为私募股权基金管理人。2017 年，陕西旅游产业投资基金正式成立，陕西旅游集团、国家开发银行、平安银行、中信集团作为主发起人，其中陕西省财政厅出资 2 亿元、陕西省发改委出资 2 亿元、基金首期规模预期 50 亿元。作为陕西省级政府引导型旅游产业基金，采取直投的基金模式，并未采取母子基金模式。其设立的宗旨就在于重点支持陕西省本地有发展潜力的旅游产品和旅游项目开发，以财政资金撬动更加广泛的社会资本进入。目前陕西旅游产业投资基金主要是委托陕西国开旅游产业基金管理有限公司在管理和运营。

2. **陕西旅游产业投资基金的产业重点投向**

尽管陕西旅游产业投资基金成立的时间不长，但目前已投资了十余个旅游项目，主要有四川光雾山大坝景区香炉山索道项目、陕西延川乾坤湾景区索道项目、圣地河谷—金延安项目、东府水乡—同州里项目、万禾—秦岭瑞士小镇项目，等等。此外，还参与品质西安城市建设基金、陕煤债转股项目，详情见表 4–2。

表 4–2　陕西旅游产业投资基金主要投资企业一览表

投资企业名称	具体项目
四川光雾山骏景索道有限公司	四川光雾山大坝景区 香炉山索道项目
陕西延川乾坤湾骏景索道有限公司	延川乾坤湾景区索道项目
陕西国开圣地河谷股权投资基金合伙企业	圣地河谷—金延安项目
陕西同州红实业有限公司	东府水乡—同州里项目
陕西万禾实业发展有限公司	万禾—秦岭瑞士小镇项目
西安竹林畔滑雪有限公司	西安竹林畔滑雪场项目
阳朔瑞盛如意峰骏景索道有限公司	阳朔如意峰索道项目

资料来源：根据对基金的调研资料整理

从表 4–2 可以看出，陕西旅游产业投资基金对于索道的投资相对较多，主要有四川光雾山大坝、陕西延川乾坤湾、阳朔如意峰等几家景区的索道投资，通常成熟景区内部的索道投资往往投资回报周期快，赢利能力强。四川光雾山大坝景区和延川乾坤湾景区均为国家4A级旅游景区，阳朔如意峰景区也是相对成熟的景区，每年游客接待量充足，索道投资有助于改善景区内部交通方式和运行效率，丰富游客的观光体验，同时也能为投资基金创造较好的投资收益。陕西旅游产业投资基金还投资了圣地河谷—金延安项目、东府水乡—同州里文化旅游项目、万禾—秦岭瑞士小镇项目，建设特色旅游小镇，均是重大旅游项目，投资前景看好。圣地河谷—金延安项目是陕西旅游集团与延安市政府合作投资百亿元建设的大型文化旅游综合项目，以文化旅游产业为主导，打造14平方公里的山水河谷新城，一期已经基本建成并开始试运营，陕西旅游产业投资基金与国开证券公司合作，共同出资成立延安国开圣地河谷股权投资基金合伙企业，参与该项目的建设。东府水乡—同州里文化旅游项目是陕西同州红实业有限公司拟投资6亿元分二期建设经营的以秦文化为主题的特色文化旅游项目，位于渭南市大荔县国家4A级景区同州湖核心区域，陕西旅游产业投资基金以基金形式向陕西同州红实业有限公司投资5000万元，作为项目的建设资金。万禾—秦岭瑞士小镇项目是要建设集生态旅游、观光旅游、体验旅游、休闲度假等功能为一体的原生态、国际化的休闲度假旅游区，位于陕西省汉中市佛坪县，将打造成中国小城镇综合发展的新模式，陕西旅游产业投资基金有限公司发行基金产品出资，共计8000万元。

3. 陕西旅游产业投资基金的运营管理

一是相较于陕西旅游集团的单纯是国有集团自身的旅游投资项目，陕西旅游产业投资基金更多注重于引入社会资本参与旅游产业发展，让更多的社会力量来参与旅游业发展。由于如大雁塔、兵马俑、华清池、西安城墙、曲江等第一梯队的优质旅游项目已开发相对成熟且有相应的大集团在经营，目前陕西旅游产业投资基金更多是关注于陕西全省位于第二梯队的优质旅游资源。二是组织结构相对健全。从组织结构上来看，陕西旅游产业资金成立了投资决策委员会和风险控制委员会。项目投资主要由投资决策委员会来决定项目的投资情况，而风险控制委员会则更注重对于所投资旅游项目的实际运营风险进行控制，一旦与合同所规定的投资目标相背离，则会通过退出项目的方式来规避风险。三是明确了基金的投资方向。目前陕西旅游产业投资基金并不参与旅游 PPP 项目的投入，由于旅游 PPP 模式的投资周期太长，流程复杂，回报较慢，与基金的存续期限不能匹配。从投资相关规定来看，陕西旅游产业投资基金也遵守着投资省外项目不能超过 20% 的要求，基金在陕西省内要投资 80% 的项目。四是退出时间也相对较短。从陕西旅游产业基金的退出机制来看，基金投资项目一般会要求在 7 年左右退出，由于目前基金的退出机制较为单一，主要是通过股权转让或现有股东回购股权的方式退出，正在探索债转股的方式退出。

3. 陕西旅游产业投资基金的典型特征

陕西旅游产业投资基金主要有以下几个特点：一是基金的规模大，首期规模要达到 50 亿元，而目前基金投资和管理的基金额度达到 300 多亿元，远远超过了预期目标，也比全国其他省级政府引导型旅游产业基金的发展相对要快；二是基金充分体现了省级政府部门的战略导向，通过传统业态的升级和新业态领域的资金投向，给予市场清晰的发展导向，吸引社会资金向陕西旅游业重点要发展和发力的领域投资；三是市场化程度高，相较于陕西旅游集团仍然是以国有资本投资为主，陕西旅游产业投资基金更好地撬动了广泛的社会资本参与到地方旅游业发展中，效果显著；四是优势明显，陕西旅游产业投资依托陕西集团长期的旅游经营管理经验，又有基金方面的管理人才，在旅游 + 基金投资的复合型人才队伍建设相对健全，同时，资金雄厚，目前所管理的基金规模在全国已有的省级政府引导型旅游产业基金中排名靠前。

4. 陕西旅游产业投资基金面临的发展瓶颈

从目前来看，陕西旅游产业投资基金存在的主要困难有以下几个方面：

一是募集难。受限于当前的金融监管规定，银行资金无法进入股权投资，存在着政策限制，并且基金主要是省级财政注资陕西旅游集团，由陕西旅游集团代行政府出资人角色，并联合国开证券、陕西国际信托投资公司共同成立，发起人少，使得募集资金难度较大。

二是地方的配套支持政策不足。政府引导型旅游产业基金与一般社会资本发起设立的私募股权基金仍有区别，但却没有相应的政策支持，特别是专门针对旅游类的政府引导型旅游产业基金的配套投资、土地、税收政策不足。

三是陕西旅游产业投资基金作为政府引导型基金，在政府要求与基金的市场化运作目标方面会有冲突。政府层面更多是要求能够培育潜力的旅游产品和业态，而基金市场化运作则要求能够投资营利性强的业态和产品，而旅游新产品、新业态的培育期普遍较多，往往要 5 ~ 10 年后才有可能赢利。作为省级政府引导型旅游产业基金，具有引导示范产业发展的作用，但目前更多是哪个项目能赢利就往哪投，已有的一些项目往往是先有企业在前期运作，是中后期以股权方式进入，虽然可以获得盈利，但引导的功能却不突出，特别是对于省外的投资项目，引导示范地方旅游产业发展的作用更加弱化，对于政府和市场的目标不清晰，也会模糊与一般的私募股权投资基金的界限。

四是基金的可转债政策不明确会影响投资机会。一些有发展潜力的优质旅游项目并不愿意转让股权给旅游产业基金，而更愿意通过债权方式引进旅游产业基金投资，但目前由于债转股政策还不明确，债务投资是否能够转化为股权投资还有待明确，这制约了旅游产业基金的投资。

5. 陕西旅游产业投资基金的发展方向和趋势

从未来投资方向来看，陕西旅游产业投资基金仍然会重点关注旅游产业，重点参与交通、索道、旅游特色小镇、旅游演艺、景区基建、体育旅游、乡村旅游等产业，也会积极参与 VR、AR、景区智慧旅游等科技创新项目。从业务板块上来看，陕西旅游产业投资基金将重点投向几个方面：一是股权投资板块，以购买股票或以货币资金、无形资产和其他实物资产直接投资于其他单位，取得被投资单位的股份，获得经济利益，股权投资板块重点关注投后管理，结合陕西省及周边文化旅游产业项目及泛丝绸之路重大文化旅游项目，建设国内一流、世界著名的旅游景区，力争打造一批 5A 景区；二是债权业务板块，通过委托贷款、股权收益权转让、应收账款质押贷款等形式参与旅游项目建设；三是证券类业务板块，通过购买目标企业公开发行的各类债券来进行债券投资，扶持陕西省及周边相关旅游景点项目，提升投资潜在企业价值，带动陕西全省旅游业的发展；四是创新业务板块，包括旅游 PPP 项目和融资租赁项目，这是未来创新类业务板块发展的重要方向。

未来，陕西旅游产业投资基金将依托陕西旅游集团多年来在项目运作和管理方面积累的丰富经验，在主要业务板块和重点旅游领域发力，通过 3 ~ 5 年时间达到国内同类基金先进水平，培育几家旅游类上市公司，进一步带动社会资本投资旅游产业。同时，陕西旅游产业投资基金还将有效发挥国有资本的引导示范作用和杠杆放大效应，拓展融资规模、对接资本前沿、创新业务模式，以市场化手段和专业化运作促进社会资本投资旅游业，在立足陕西旅游业发展的同时，将投资触角延伸到其他区域，促进旅游产业做大做强做优。

第五章　政府引导型旅游产业基金规范管理评价体系构建

本章分析政府引导型旅游产业基金规范管理要求和导向，构建政府引导型旅游产业基金的规范管理评价体系。

一、规范管理是旅游产业基金高质量发展的必然要求

政府引导型旅游产业基金既是政府财政出资发起设立的引导性基金，同时又属于私募基金范畴，其高质量发展离不开规范管理要求，加强规范管理是为了让旅游产业基金在制度的框架内更好地发挥其应用的重要作用，有规范、有约束才能行稳致远。对于有财政出资、在某种程度上代表政府行为的政府引导型旅游产业基金，要受到多重约束，既要受到中国证监会出台的私募基金管理规范约束，又要受到国家发改委、财政部等部委对政府性产业基金的规范约束。

（一）私募基金的规范管理要求

从私募基金管理来看，证监会是主要的行业监管部门。《证券投资基金

法》对非公开的私募投资基金有单章介绍和规定，重点对私募基金的募集投资者数量、基金管理、基金登记、基金宣传推介、基金合同、基金责任、基金备案和信息披露、基金管理人和从业人员资格等进行了法律上的明确规定。从证监会部门规章来看，现有的部门规章包括了基金公司管理、基金运作、基金从业人员管理、基金托管、基金销售、基金评价、基金信息披露等各个方面的详细规定，形成了相对规范的私募基金管理体系。其中，中国证监会 2014 年出台的《私募投资基金监督管理暂行办法》是私募基金主要的监管政策依据，主要从私募投资基金的设立、登记备案、合格投资者、资金募集、投资运作、行业自律、监督管理等方面提出详细的监管规定。2021 年 1 月 8 日，证监会出台《关于加强私募投资基金监管的若干规定》，从私募投资基金的登记、业务、出资人、募集过程中的行为、投资者人数、投资活动、管理人员及从业人员行为、关联交易等诸多行为提出了更为具体的规范约束要求。

目前的私募投资基金监管制度和自律体系相对完善，其中很多监管规定均适用于政府引导型旅游产业基金。表 5-1 是我国针对私募基金管理的法律和部分相关规章制度。法律方面，全国人大常委会制定的《证券投资基金法》《证券法》两部法律对私募基金管理有相应的法律条款约束；部门规章方面，我国证监会出台了针对私募基金管理的系列详细规定，表 5-1 中仅列出对私募基金监管有代表性的规定。

表 5-1　私募基金管理的法律和规章制度

私募基金管理法律和部门规章	出台部门或机构	出台时间	规范面向对象
证券投资基金法	全国人大常委会	2015 年修正	私募的证券投资基金
证券法	全国人大常委会	2005 年修正	证券投资基金上市交易

续表

私募基金管理法律和部门规章	出台部门或机构	出台时间	规范面向对象
关于加强私募投资基金监管的若干规定	证监会	2021 年	基金公司管理、基金从业人员
私募投资基金监督管理暂行办法	证监会	2014 年	基金公司管理
证券投资基金托管业务管理办法	证监会	2013 年	基金托管
证券投资基金管理公司管理办法	证监会	2012 年	基金公司管理
基金管理公司开展投资、研究活动防控内幕交易指导意见	证监会	2012 年	基金公司管理
关于基金从业人员投资证券投资基金有关事项的规定	证监会	2012 年	基金从业人员管理
证券投资基金评价业务管理暂行办法	证监会	2009 年	基金评价
基金管理公司年度报告内容与格式准则	证监会	2008 年	基金信息披露
证券投资基金行业高级管理人员任职管理办法	证监会	2004 年	基金从业人员管理
证券投资基金信息披露管理办法	证监会	2004 年	基金信息披露

从私募基金的规范管理来看，国家层面的法律法规对其有严格的规范，《证券投资基金法》《证券法》针对私募基金的发起设立、运行及备案等方面有明确的约束规范。证监会从行业主管部门角度，出台了系列监管规章来对私募基金进行更加细化的规范，法律和部门规章两个层面的规范构成了相对完善的私募基金监管体系。政府引导型旅游产业基金属于私募基金的一种类型，其在募、投、管、退等各环节以及管理人员、从业人员的行为方面与其他私募基金一样，均要受到国家法律法规和部门规章的约束，需要在严格遵守相关规定的基础上，开展业务及相关活动。

（二）政府产业基金的规范管理要求

除了私募基金对政府引导型旅游产业基金有规范管理要求之外，中央政府以及国家发改委、财政部等相关部委针对政府产业基金的发展有明确的制度规定，对政府引导型旅游产业基金形成了更加具体的规范性约束。从对政府产业基金的管理来看，2018 年 9 月出台的《中共中央国务院关于全面实施预算绩效管理的意见》，明确提出“积极开展涉及一般公共预算等财政资金的政府投资基金、主权财富基金、政府和社会资本合作（PPP）、政府采购、政府购买服务、政府债务项目绩效管理”，从预算绩效管理的角度对包括政府投资基金在内的财政预算绩效明确了管理办法。

国家部委层面，国家发改委和财政部两个部门分别出台了对政府产业基金相关的规范管理意见，其中较为重要的是两个暂行办法：一是财政部 2015 年出台《政府投资基金暂行管理办法》（财预〔2015〕210 号），从政府投资基金的设立、运作和风险控制、终止和退出、预算管理、资产管理、监督管理等层面提出了管理规范；二是国家发改委 2016 年出台的《政府出资产业投资基金管理暂行办法》（发改财金规〔2016〕2800 号），从政府出资产业投资基金的募集和登记管理、投资运作和终止、绩效评价、行业信用建设、监督管理等方面提出相应的规范要求。尽管两个《暂行办法》对政府投资基金、政府出资产业投资基金的名称有所差异，但实质内涵和指向是一致的，即要更好地加强对政府出资的产业基金管理。此外，国家发改委、财政部还相继出台了政府产业基金支持产业发展、投融资行为管理、信息登记等方面的管理规定（见表 5-2）。相较于私募基金的监管规定是由证监会发布，而政府出资基金的监管规定主要是国家发改委和财政部两部门进行发布，二者的监管主体略有区别，但体现了政府部门之间的分工。国家发改委、财政部是政府产业基金的主要业务监管部门，分别从财政出资人、产业项目投资人的角度来进行监管，既要保障财政出资的安全、使用规范，又要让产业基金可以创造更多的经济效益和社会效益。国家发改委、财政部出台的规定对政府产业基金发展有规范性的要求，同样适用于政府引导型旅游产业基金的规范发展。

表 5-2　中央部委出台的政府产业基金管理规定

政府出资产业基金的管理法律和部门规章	出台部门	出台时间	规范面向对象
关于进一步明确规范金融机构资产管理产品投资创业投资基金和政府出资产业投资基金有关事项的通知	国家发改委 中国人民银行 财政部 银保监会 证监会 外汇局	2019 年	创业投资基金和政府出资产业投资基金
政府出资产业投资基金管理暂行办法	国家发改委	2016 年	政府出资产业投资基金
国家发改委办公厅关于做好政府出资产业投资基金绩效评价有关工作的通知	国家发改委	2018 年	政府出资产业投资基金绩效评价
国家发展改革委办公厅关于发挥政府出资产业投资基金引导作用推进市场化银行债权转股权相关工作的通知	国家发改委	2017 年	政府出资产业投资基金债转股
国家发展改革委办公厅关于印发《政府出资产业投资基金信用信息登记指引（试行）》的通知	国家发改委	2017 年	政府出资产业投资基金信息登记
政府投资基金暂行管理办法	财政部	2015 年	政府投资基金
财政部关于财政资金注资政府投资基金支持产业发展的指导意见	财政部	2015 年	政府投资基金支持产业发展
关于规范金融企业对地方政府和国有企业投融资行为有关问题的通知	财政部	2018 年	政府投资基金投融资行为监管
关于加强政府投资基金管理提高财政出资效益的通知	财政部	2020 年	各级政府设立的政府投资基金

虽然国家发改委、财政部是政府产业基金的主要监管部门，但涉及金

融投资领域，人民银行、证监会、银保监会等部门也会参与到相关监管活动中来。2019 年，国家发改委、中国人民银行、财政部、银保监会、证监会等五部门联合出台《关于进一步明确规范金融机构资产管理产品投资创业投资基金和政府出资产业投资基金有关事项的通知》，对政府出资产业投资基金的政府认缴出资比例、基金投向、基金运作不涉及地方隐性债务等方面进行了约束和规范。

可以看出，政府产业基金需要遵守的规章制度更多，既要遵守私募基金的监管规定，又要遵守产业基金本身的相关监管规定，涉及的监管部门更多，不仅包括发改、财政，也包括人民银行、证监会、银保监会等金融行业监管部门。私募基金管理规定是针对整个基金行业的管理规定，相对于专门的政府产业基金管理规定，更为宏观，而政府产业基金要在满足基金行业普适性要求上再做更加精细化的规范要求。因此，相较于其他产业基金的管理要求，政府产业基金的管理更加严格、更加规范，既要满足现有的私募基金管理规定，又要同时满足政府产业基金更加专业化、精细化的管理规定，要求更高。

（三）政府引导型旅游产业基金的规范管理要求

政府引导型旅游产业基金在我国发展的时间并不长，目前，中央层面尚未出台专门针对政府引导型旅游产业基金的相关管理规定，文化和旅游部也未出台对旅游产业基金发展的管理规定。从省级层面来看，也仅有北京、江苏、甘肃等少数省份出台了政府引导型旅游产业基金的管理规定，而大部分省份尚未出台专门针对旅游行业的引导基金管理办法，更多是针对包括旅游业在内的重点行业的引导基金管理办法（见表 5-3）。如陕西出台了《陕西产业发展基金管理办法》，提出对包括旅游业在内的母子基金运作规范管理;《河南省政府投资基金暂行管理办法》对河南省旅游业在内的公共服务领域发展给予政府投资基金支持。尽管上述省份尚未出台专门针对旅游行业的引导基金或产业投资基金管理规定，但产业基金管理规定同样适用于旅游领域的产业基金规范管理。

表 5-3　省级政府部门出台的政府引导型旅游产业基金管理规定

政府引导型产业基金的管理办法或规定	出台部门或机构	出台时间	规范面向对象
北京旅游发展促进基金管理办法（试行）	北京市旅游委员会	2012 年	北京旅游发展促进基金
江苏省旅游产业发展基金管理办法	江苏省财政厅、江苏省旅游局	2016 年	江苏省旅游产业发展基金
甘肃省旅游产业投资基金管理暂行办法	甘肃省财政厅、甘肃省旅游局	2016 年	甘肃省旅游产业投资基金
陕西省产业发展基金管理办法	陕西省人民政府办公厅	2015 年	包括旅游业在内的母基金、子基金运作
河南省政府投资基金暂行管理办法	河南省财政厅	2017 年	支持河南省旅游业在内的公共服务领域发展
湖北省省级股权投资引导基金管理试行办法	湖北财政厅	2015 年	支持湖北省旅游业在内的公共服务领域发展
湖南省级政府投资基金暂行管理办法	湖南省财政厅	2016 年	支持湖南省旅游业在内的公共服务领域发展
辽宁省产业（创业）投资引导基金管理办法	辽宁省人民政府办公厅	2016 年	支持辽宁省旅游业在内的公共服务领域发展
浙江省财政厅关于规范政府产业基金运作与管理的指导意见	浙江省财政厅	2015 年	产业基金支持旅游业在内的项目
海南省创业投资引导基金管理办法（试行）	海南省人民政府办公厅	2015 年	创投引导基金支持旅游业在内的特色产业

二、政府引导型旅游产业基金的规范管理导向

（一）政府引导型旅游产业基金的规范管理目标

目前针对产业基金的规范管理研究还相对较少，现有的研究对产业基金的规范管理更多是以定性研究为主，如魏江宁（2008）、梁丰（2008）对私募基金规范发展进行研究；刘晓鹏（2012）从法律层面对产业投资基金的规范进行了研究；巩云华（2011）对私募证券投资基金行为与监管进行了研究。目前尚未有研究对产业基金的规范管理从定量方面进行系统的评价。

政府引导型旅游产业基金规范管理的主要目标体现在几个方面：一是要充分发挥基金对地方旅游产业发展的引导性作用，通过规范管理使之不背离设立宗旨，不偏离发展目标和发展方向，让基金可以在正常的发展轨道上运转；二是规范管理要充分体现"政府引导、市场主体"的运作原则，政府既要履行出资人的角色，按照约定如期认缴出资，又要履行监管人的角色，从宏观层面进行监管，而不干预基金的运作，而基金的日常运作则由市场来完成；三是规范管理是要让基金的投资运作更为有序，既符合国家对私募基金、政府出资基金运作的各项要求，也要充分体现出旅游领域的行业特色，更好地发挥政府出资基金对地方经济、对旅游行业的引领带动作用；四是规范管理是要最大限度地规避基金非必要的风险，尽可能地减少合规性成本，让旅游产业基金可以更加健康、可持续地发展。

综合国家和省级层面对政府出资基金、旅游产业基金的已有规范要求来看，针对政府引导型旅游产业基金具体的规范管理目标可以从募、投、

管、退等过程来着手，主要包括以下几个方面：

一是出资和设立规范，旅游产业基金的设立对于出资人、设立方式提出相应的要求，设立规范可以明确今后旅游产业基金的发展方向和目标。

二是投资规范，对于旅游产业基金的投资机构规范、投资导向均提出了要求，通过规范管理可以明确基金的投资过程中允许的行为以及禁止的行为，可以创新之处以及不能突破之处。

三是基金的终止和退出规范，政府引导型旅游产业基金往往是有存续期限的，基金到期后如何终止和退出应该更加明晰，政府财政资金如何退出，社会资本如何退出均需要有明确的规范和约束。

四是政府监管规范，相较于社会资本发起设立的私募基金，政府引导型旅游产业基金由于有财政出资，政府在基金运作中要承担起相应的监管责任，但由于社会资本所占基金的份额通常更大，因此，政府监管既要充分考虑到财政资金的保值增值，同时，又要考虑到社会资本的获利能力，需要采取适度监管以规范旅游产业基金的运作。

（二）政府引导型旅游产业基金规范管理评价思路

1. 评价体系设计基本思路

政府引导型旅游产业基金规范管理的评价指标体系目前尚缺乏成熟研究，但可以总结国际、国内政府出资产业基金的理论研究和实践经验来确立评价指标。因此，政府引导型旅游产业基金规范管理评价的各级指标确立，既要在已有理论研究和丰富实践的基础上，总结、提炼、归纳形成科学的评价体系，又要能客观反映政府引导型旅游产业基金规范管理要达到的预期目标，还要使各级指标可以较为精准地测量相应的维度。

从本研究来看，政府引导型旅游产业基金的规范管理评价体系要基于政府引导型旅游产业基金的功能和作用，在设计其规范管理评价指标体系时，应充分考虑到以下的诉求：

（1）要能够充分评价财政的作用，财政资金是否投入于政府引导型旅游产业基金运行中。

（2）要能够充分评价旅游产业基金对地方旅游产业发展的引导功能，资金是否投向于地方旅游业需要发展的重点领域、重点区域等。

（3）要能够充分评价旅游产业基金是否按照国家法律法规的要求，在发起设立、投资运营、终止退出等环节均采取规范性的管理。

（4）要能够充分评价政府在对旅游产业基金发展中的监管作用，监督旅游产业基金是否按照既定的目标运行。

2. 评价指标选取原则

政府引导型旅游产业基金规范管理评价指标选择应遵循以下的原则：

（1）规范性。政府引导型旅游产业基金评价指标要能满足政府部门对于基金管理评价的规范性要求，不能与现有的政策法规相背离或相抵触，要能充分体现政府对旅游产业基金的规范管理思路和管理目标。

（2）系统性。政府引导型旅游产业基金规范管理评价指标要能够系统、全面、完整地反映旅游产业基金的规范管理水平，既要有定量的指标，也要有定性的指标；既要有能反映政府的管理指标，也要有能反映社会力量参与旅游业发展的指标。

（3）一致性。政府引导型旅游产业基金规范管理的一、二、三级评价指标要有严密的上下层关系，各层级指标之间要有严密的逻辑关系，各指标均要能够指向规范管理的最终评价目标。

（4）重要性。政府引导型旅游产业基金规范管理评价各指标应该尽最大的可能充分反映对旅游产业基金的规范管理要求，同时，也要有代表性。

（5）可测性。政府引导型旅游产业基金规范管理评价各指标应该能找到可以直接量化和准确评价的内容，尽量减少模棱两可的评价空间，避免主观随意性。

（6）可验证性。政府引导型旅游产业基金管理评价各指标虽然从不同的维度对旅游产业基金规范管理进行评价，但应该可以相互对比，能够交叉验证，以便于检验指标体系的合理性和科学性。

3. 评价指标体系总体框架

根据上述评价指标体系设计思路和设计原则，提出政府引导型旅游产业基金规范管理体系的评价总体框架，具体如下：

第一，建立相对严格的政府引导型旅游产业基金评价制度体系，在已有的政策法规体系基础上，设计旅游产业基金规范管理的具体条款，特别是以国家发改委出台的《政府出资产业投资基金管理暂行办法》和财政部出台的《政府投资基金暂行管理办法》两个规范文件为基础，在设计评价体系时要将其中要求必须做到的重要内容全覆盖；第二，建立有效的政府引导型旅游产业基金评价工作组织体系，明确政府引导型旅游产业基金的发起和设立、财政资金投入程度、规范运营管理以及退出结果等归纳和总结；第三，确定三级的政府引导型旅游产业基金规范管理评价指标体系，从出资和设立规范、投资规范、基金终止和退出规范、政府监管规范等方面进行系统评价；第四，基于上述分析，进一步研究政府引导型旅游产业基金在规范管理方面还需要改进的方向和内容。

三、政府引导型旅游产业基金规范管理评价体系设计

本部分从出资和设立规范、投资规范、终止和退出规范、政府监管规范五个方面来建立政府引导型旅游产业基金规范管理的一、二、三级评价指标体系，并就各个层次的指标设计过程进行详细阐述。

1. 政府引导型旅游产业基金的出资和设立规范指标设计

政府引导型旅游产业基金成立的目的通常就是要具有政策导向性，要遵循相关的政府出资基金、政府产业基金及政府引导基金的相关规范要求。本研究根据相关的理论研究和基金实践，选取三个二级指标，分别是基金募集规范、基金制度健全、基金管理机构规范（见表 5-4）。

（1）基金募集规范。该二级指标主要是为了评价政府引导型旅游产业基金在募集方式是否是采用私募的方式进行募集，募集行为是否符合国家相关政策法规等方面的要求，这是基金发起设立前的必要准备工作。该二级指标下细分三个三级指标，包括：政府出资为财政预算内投资、社会资本采取私募方式募集、政府外的其他投资者为合格机构投资者。

政府出资为财政预算内投资指标主要是评价基金的主要出资方是否由财政预算内资金参与设立，这是最重要的评价指标，只有财政预算参与发起设立的旅游产业基金才可称之为政府引导型旅游产业基金，否则就是社会性质的旅游产业基金。

社会资本采取私募方式募集指标主要是评价社会资本是否按照政府引导基金的要求，采取私募方式而不是公募方式来参与基金的发起设立。

政府外的其他投资者为合格机构投资者指标主要是评价除政府出资人之外，其他的基金投资者是否具备一定风险识别和承受能力，是否为合格的机构投资者，而不能是个人投资者。

（2）基金制度健全。政府引导型旅游产业基金的正常运作离不开规章制度建设，这是基金设立前必要的准备工作。该二级指标下可以下设一个三级指标，即制定规范的基金公司章程及有限合伙人协议。

制定规范的基金公司章程及有限合伙人协议指标主要是评价基金出资方是否按照现行法律法规要求，制订了基金公司章程及有限合伙人协议，包括拟设基金主要发起人、管理人和托管人基本情况；拟设基金治理结构和组织架构；主要发起人和政府资金来源、出资额度；拟在基金章程、合伙协议中确定的投资产业领域、投资方式、风险防控措施、激励机制、基金存续期限；政府出资退出条件和方式等。只有建立了规范的公司章程和有限合伙人协议，才能够保障基金的顺利运行。

（3）基金管理机构规范。基金管理机构规范主要是针对基金管理公司和基金托管机构的规范要求，这也是国家发改委、财政部等部门针对政府出资基金提出的规范内容。该二级指标下设两个三级指标，分别是：基金管理人符合资格、基金资金托管机构符合资格。

基金管理人符合资格指标主要是评价基金的管理人是否符合国家政策法规的相关要求，包括在中国大陆依法设立的公司或合伙企业，实收资本不低于 1000 万元人民币；至少有 3 名具备 3 年以上资产管理工作经验的高级管理人员；产业投资基金管理人及其董事、监事、高级管理人员及其他从业人员在最近三年无重大违法行为；有符合要求的营业场所、安全防范设施和与基金管理业务有关的其他设施；有良好的内部治理结构和风险控制制度等。

基金资金托管机构符合资格指标主要评价基金是否由在中国境内设立的商业银行来进行资金托管业务，包括是否安全保管所托管基金的全部资产；是否执行基金管理人发出的投资指令，负责基金名下的资金往来；是否依据托管协议，发现基金管理人违反国家法律法规、基金公司章程或基金董事会（持有人大会）决议的，不予执行；是否出具基金托管报告，向基金董事会（持有人大会）报告并向主管部门提交年度报告；是否履行基金公司章程、基金托管协议中规定的其他职责等。

表 5-4　政府引导型旅游产业基金的出资和设立规范指标

二级指标	三级指标
基金募集规范	政府出资为财政预算内投资
	社会资本采取私募方式募集
	政府外的其他投资者为合格机构投资者
基金制度健全	制定规范的基金公司章程及有限合伙人协议
基金管理机构规范	基金管理人符合资格
	基金资金托管机构符合资格

2. 政府引导型旅游产业基金的投资规范指标设计

政府引导型旅游产业基金在成立后，进入投资运营和管理，同样需要有明确的规范，才能使基金的发展不偏离既定的方向和目标。这部分根据相关的理论研究和基金实践，选取两个二级指标，分别是基金投资机构规范、基金投资导向（见表 5-5）。

（1）基金投资机构规范。投资决策机制是政府引导型旅游产业基金最重要的机制之一，投资决策机构的完善与否决定了基金投资是否会达到预期的目标。在此二级指标下设两个三级指标，包括投资决策委员会设立、投委会成员具备专业旅游投资能力。

投资决策委员会设立指标主要是为了评价政府引导型旅游产业基金是否建立了常态化的投资决策机构。投资决策委员会往往要对基金的投资、退出等事项进行决策，是基金发起人和相关利益各方决策的主要决策机制，其成立表明投资决策形成了规范的管理机制。

投委会成员具备专业旅游投资能力指标主要是为了评价投资决策委员会是否能够具备判断基金参与旅游项目投资的能力，只能投委会各成员均具有专业的投资能力，才能够精准开展旅游投资决策。

（2）基金投资导向。该指标是较为重要的评价指标，主要是评价政府引导型旅游产业基金是否能够按照政府的预期目标开展旅游投资。该二级指标下设两个三级指标，主要包括是否优先投资于旅游项目、是否优先投资于本区域。

是否优先投资于旅游项目指标主要是评价政府引导型旅游产业基金是否主要投资于旅游项目，而不是其他的非旅游项目，以避免基金的投资运作偏离了既定的投资方向。

是否优先投资于本区域指标主要是评价政府引导型旅游产业基金是否满足于主要投资于所在区域的发展要求。就较多省市政府引导型旅游产业基金来看，往往会要求旅游产业基金主要投资于本地区的旅游产业，通常政府引导型旅游产业基金会要求在所在区域的投资总额不少于基金可投资总额的 50% 以上，有的地方甚至要求基金在所在区域投资比例要达到 80% 以上。

表 5–5　政府引导型旅游产业基金的投资规范指标

二级指标	三级指标
基金投资机构规范	投资决策委员会设立
	投委会成员具备专业旅游投资能力
基金投资导向	是否优先投资于旅游项目
	是否优先投资于本区域

3. 政府引导型旅游产业基金的终止和退出规范指标设计

目前，政府引导型旅游产业基金成立的时间均不长，而基金的存续期往往在 7~10 年，目前尚无旅游产业基金的终止和退出情况。因此，评价该项更多是评价基金是否规定了完善的基金终止和退出机制。这部分根据研究需要，设立三个二级指标，分别是基金存续规范、退出方式规范、资产清算规范（见表 5-6）。

（1）基金存续规范。主要是评价政府引导型旅游产业基金是否约定了存续期限。规范基金存续期限是为了更好地利用财政资金，发挥财政的杠杆效用，引导社会资本进入。在该二级指标下设一个三级指标，即基金存续期限约定清晰。

基金存续期限约定清晰指标主要是为了评价政府引导型旅游产业基金是否在章程中规定了正常的存续时间以及存续期限已满时是否进一步延长存续时间，避免政府引导型旅游产业基金设立时间过长，失去了引导基金的功能作用。

（2）退出方式规范。政府引导型旅游产业基金到期后，究竟采取何种退出方式需要明确，在该二级指标下可以设两个三级指标，分别是正常退出方式符合规范、约定政府出资提前退出方式。

正常退出方式符合规范指标主要是评价政府引导型旅游产业基金是否按照规范的程度进行退出。对于政府引导型旅游产业基金而言，正常退出方式就是政府出资和社会资本到期后自动退出。目前主要的退出方式有挂牌上市、资产证券化、并购、股权转让等方式。

约定政府出资提前退出方式指标主要是评价政府出资提前退出是不是按照国家相关规定严格执行，约定了提前退出方式，以避免损害社会资本合伙人的权益。如按照财政部的相关规定，“投资基金方案确认后超过一年，未按规定程序和时间要求完成设立手续的”“政府出资拨付投资基金账户一年以上，基金未开展投资业务的”“基金投资领域和方向不符合政策目标的”等情况下，政府出资可无须其他出资人同意，选择提前退出。政府引导型旅游产业基金还存在其他异常的提前退出方式，如投资亏损、法律诉讼、股权纠纷等情况，使得产业基金难以正常运作，不得不采取异常的退出方式。政府部门可以在国家规定的法律法规范围内，可以选择提前退出方式。

（3）资产清算规范。政府资金到政府引导型旅游产业基金到期后，往往要清盘结算，政府出资的资金和所获盈利要返还当地财政，而亏损则需要按照约定由出资人共同承担。由于政府财政预算往往有硬性的约束性规定，因此需要遵守相应的财政资金管理规范。在该二级指标下设两个三级指标，分别是资产清算流程规范、政府盈余或亏损处理规范。

资产清算流程规范指标主要是评价政府引导型旅游产业基金在到期或终止时，是否按照规范要求进行清算程序。资产清算程序是必不可少的，有助于厘清政府和社会资本在政府引导型旅游产业基金中本金和投资收益以什么方式来结算。

政府盈余或亏损处理规范指标主要是评价政府引导型旅游产业基金在清算程序完成后，对政府出资究竟是盈利还是亏损进行结算，盈利按照同股同权的原则进行结算，财政部分要及时上缴国库；而亏损最大不能超出资本金，政府承担有限责任。

表 5-6　政府引导型旅游产业基金的终止和退出规范指标

二级指标	三级指标
基金存续规范	基金存续期限约定清晰
退出方式规范	正常退出方式符合规范
	约定政府出资提前退出方式
资产清算规范	资产清算流程规范
	政府盈余或亏损处理规范

4. 政府引导型旅游产业基金的政府监管规范指标设计

政府引导型旅游产业基金与其他私募产业基金最大不同之处在于，由于财政出资，需要纳入政府监管全过程的监管体系，但同时，又要充分考虑到，政府引导型旅游产业基金的大股东通常是社会资本，过度监管会造成对基金运作的实质干预。因此，在政府监管规范方面需要权衡政府与市场的关系与比例，既不缺位，也不越位，寻找适当的监管平衡。因此，这部分指标主要是规范政府对于引导型旅游产业基金的监管，包括发挥政府的重要作用，同时又规范政府不能干预基金的正常运作情况。这部分主要设计三个二级指标，分别是政府出资人管理、基金信用管理、基金运行监管（见表 5-7）。

（1）政府出资人管理。该指标主要是评价政府出资人在政府引导型旅游产业基金中是否发挥出积极作用。尽管政府引导型旅游产业基金中，政府出资往往既非第一大股东也非控股股东，但由于是政府主导发起设立的，就必须体现出政府出资基金的设立宗旨和目的。在该二级指标下设一个三级指标，即政府出资人代表是否正常履职。

政府出资人代表是否正常履职指标主要是评价财政部门与其他出资人共同签订政府投资基金章程、合伙人协议等，明晰各方职责权利；同时，按照有关协议约定委派董事或理事、监事等，依法依规参与基金内部治理，促进政策目标实现，保障出资权益。通常规范的做法是，在日常的投资决策中，政府出资代表在决策委员会中按其所代表的票数行使决策投票权，但对于违反国家和地方旅游产业政策或者合伙协议约定的经营范围和投资方向，政府可以行使“一票否决权”，以确保基金投资的政策导向和合规性，但不干预基金的日常运作。

（2）基金信用管理。目前我国已经建立了基金管理公司以及基金管理公司高管人员的信用记录，纳入了全国统一的社会信用信息共享交换平台。信用记录评价主要是根据国家建立的“信用中国”网站以及中国证券投资基金业协会官方网站的私募基金公示栏中，可以检索到相关的基金管理公司、基金高级管理人员是否有不良信用记录，如果存在不良信用记录，发展改革部门、财政部门等部门将要依据所适用的法律法规及多部门签署的联合惩戒备忘录等对列入失信联合惩戒名单的基金、基金管理人和从业人员开展联合惩戒，惩戒措施包括但不限于市场禁入、限制作为供应商参加政府采购活动、限制财政补助补贴性资金支持、从严审核发行企业债券等。该二级指标主要是评价基金管理公司以及基金高级管理人员是否具备了良好的信用。该指标下设两个三级指标，分别是建立基金管理公司信用记录、建立基金高级管理人员信用记录。

建立基金管理公司信用记录指标主要是评价是否在社会公共信用记录平台建立了基金的信用记录，能否在中国证券投资基金业协会、“信用中国”官方网站上查询到基金管理公司相应的信用记录。

建立基金高级管理人员信用记录指标主要是评价在社会公共信用记录平台建立了基金高级管理人员的信用记录，能否在中国证券投资基金业协会、“信用中国”官方网站上查询到相应的信用记录。

（3）基金运行监管。政府部门应该对政府引导型旅游产业基金的运行开展适当的监管，由于社会资本的参与，政府部门不能进行直接的干预措施，而更多是采取相对适中的监管方式，如财政、审计等部门可以政府出资人角色对基金的运行进行资金使用情况和审计进行监督。该指标下设两个三级指标，分别是财政部门对基金运行开展年度检查、审计部门对基金开展年度审计监督。

财政部门对基金运行开展年度检查指标主要是评价地方财政部门是否对本区域的政府引导型旅游产业基金的运行开展年度检查，重点是检查财政资金的使用情况。

审计部门对基金开展年度审计监督指标主要是评价地方审计部门是否对本区域的政府引导型旅游产业基金开展年度审计监督工作。

表 5-7 政府引导型旅游产业基金的政府监管规范指标

二级指标	三级指标
政府出资人管理	政府出资人代表是否正常履职
基金信用管理	建立基金管理公司信用记录
	建立基金高级管理人员信用记录
基金运行监管	财政部门对基金运行开展年度检查
	审计部门对基金开展年度审计监督

根据上述的分析，本研究最终构建了三个层次的政府引导型旅游产业基金规范管理评价指标体系（见表 5-8）。政府引导型旅游产业基金规范管理评价指标主要由 4 个一级指标，11 个二级指标，20 个三级指标构成。一级指标主要包括出资和设立规范、投资规范、终止和退出规范、政府监管规范 4 个指标，前 3 个指标反映的是政府引导型旅游产业基金自身需要遵守的规范评价，分别从政府引导型旅游产业基金从成立到运行再到退出等各阶段的规范评价，政府监管规范则重点从政府对旅游产业基金规范监管的视角进行评价。

表 5-8 政府引导型旅游产业基金规范管理评价指标

一级指标	二级指标	三级指标
出资和设立规范	基金募集规范	政府出资为财政预算内投资
		社会资本采取私募方式募集
		政府外的其他投资者为合格机构投资者
	基金制度健全	制定规范的基金公司章程及有限合伙人协议
	基金管理机构规范	基金管理人符合资格
		基金资金托管机构符合资格

续表

一级指标	二级指标	三级指标
投资规范	基金投资机构规范	投资决策委员会设立
		投委会成员具备专业旅游投资能力
	基金投资导向	是否优先投资于旅游项目
		是否优先投资于本区域
终止和退出规范	基金存续规范	基金存续期限约定清晰
	退出方式规范	正常退出方式符合规范
		约定政府出资提前退出方式
	资产清算规范	资产清算流程规范
		政府盈余或亏损处理规范
政府监管规范	政府出资人管理	政府出资人代表是否正常履职
	基金信用管理	建立基金管理公司信用记录
		建立基金高级管理人员信用记录
	基金运行监管	财政部门对基金运行开展年度检查
		审计部门对基金开展年度审计监督

第六章　政府引导型旅游产业基金的绩效评价研究

本章主要分析政府引导型旅游产业基金的绩效评价体系，政府引导型旅游产业基金既有财政资金参与设立，也有社会资本的参与。因此，对其绩效评价既要考虑经济效益，还要充分考虑社会效益，注重产业基金的引导功能。

一、绩效提升同样是旅游产业基金高质量发展的要求

（一）政府引导型旅游产业基金绩效评价指标的研究基础

在前述的文献综述章节中，已充分阐述了政府引导基金的绩效评价国内外研究，在绩效评价体系方面的研究成果较为丰富，基本上以构建三级绩效评价指标体系为主，但不同政府引导基金有不同的绩效评价内容：如田娟娟（2018）提出由政策目标、经济效益、管理效能 3 个一级指标、8 个二级指标和 22 个三级指标构成的政府引导基金评价体系；刘晓玲等（2018）提出政策效益、经济效益、管理效益 3 个一级指标、7 个二级指标

以及 17 个三级指标的政府引导基金评价体系；施钰（2013）提出了 4 个一级指标、9 个二级指标、15 个三级指标的政府引导基金的绩效评价指标体系；向赟（2018）构建了 5 个一级指标、15 个二级指标和 34 个三级指标和对应的操作性指标。可以看出，目前的绩效评价指标体系以三级指标体系为主，一级指标由 3 ~ 5 个评价指标构成不等，主要覆盖的内容包括政策目标、政策效果、综合管理能力、经济效益等几个方面。

政府引导基金的绩效评价研究成果是本研究的重要理论基础，相关的评价指标和研究方法有值得借鉴之处，但目前针对政府引导型旅游产业基金绩效评价的研究尚属空白，特别是旅游领域的政府引导基金与其他行业的基金还存在较大的差异，在发展背景、产业价值、行业前景、管理功能、政策目标等方面有其自身的特征，需要在做好对旅游领域充分研究的基础上，结合政府引导型旅游产业基金的发展阶段和发展实践，来研究制订更为细化、更为精准的绩效评价指标体系。

（二）政府引导型旅游产业基金绩效评价的要求

相较于政府引导型旅游产业基金的规范管理要求，国家发展改革委、财政部等部门对其绩效管理也有要求。财政部出台的《政府投资基金暂行管理办法》规定“各级财政部门应建立政府投资基金绩效评价制度，按年度对基金政策目标实现程度、投资运营情况等开展评价，有效应用绩效评价结果”，但并未明确如何开展绩效评价工作，更多是笼统的规定。财政部对政府投资基金绩效评价的要求还相对较弱。

国家发展改革委 2016 年出台的《政府出资产业投资基金管理暂行办法》对政府出资产业投资基金、基金管理人的绩效评价进行了约定，针对基金的评价指标主要包括“基金实缴资本占认缴资本的比例”“基金投向是否符合区域规划、区域政策、产业政策、投资政策及其他国家宏观管理政策，综合评估政府资金的引导作用和放大效应、资金使用效率及所投产业的拉动效果等”“基金投资是否存在名股实债等变相增加政府债务的行为”“是否存在违反法律、行政法规等行为”。2018 年出台的《国家发改委办公厅关于做好政府出资产业投资基金绩效评价有关工作的通知》则进一步明确了政府出资产业投资基金绩效评价主要内容包括基金政策效应、管理效能、信用水平、经济效益等，并将绩效评价指标分为四类，分别是基金管理人填报的系统性指标、基金管理人自主填报的自评指标、发展改革部门根据基金登记实际情况填写的他评指标以及奖惩类指标等。国家发展改革委对政府投资产业基金的绩效评价规定相对更具体、更有指向性，具有实践的可操作性。

由于国家部委层面尚未出台政府引导型旅游产业基金的专门规范性文件，国家发改委、财政部对政府产业基金、政府出资产业投资基金的绩效评价相关规定可以为政府引导型旅游产业基金的绩效评价作重要的方向指引，通过理论研究与实践相结合，构建起科学、可行的绩效评价体系。

此外，相较于政府引导型旅游产业基金的规范管理是基金运作的最基本要求，绩效评价则有更大的弹性空间，既包括基金运营中的绩效，也包括基金运营后的绩效，不仅要注重政府引导型旅游产业基金的经济效益，还要同时兼顾社会效益等综合性的评价。绩效评价也是反映政府引导型旅游产业基金是否高质量发展的重要内容。

二、政府引导型旅游产业基金的绩效评价目标和思路

（一）政府引导型旅游产业基金的绩效评价目标

国内外成熟的产业绩效评价研究为本部分的研究提供了相应的借鉴依

据，旅游领域相较于其他领域，有自身的特点，既需要考虑到已有的研究基础，又要充分考虑到旅游行业发展的特殊性，将二者统筹结合才能制订出更为合理的绩效评价体系。

根据政府引导型旅游产业基金的发展现状，其绩效评价的最终目标应主要体现在以下几个层面：一是要实现政府出资人的政策目标，即能够实现政府引导型旅游产业基金预期的政策效果，达到发起设立目的，这是其绩效评价的基础所在；二是要能够产生经济效益，尽管经济收益并非是政府引导型旅游产业基金设立的主要目标，但是经济效益也是必不可少的，单纯追求社会效益就会同以往的财政专项补贴无差异，只有形成经济效益才能实现基金的可持续发展；三是管理效能，即政府引导型旅游产业基金在管理方面有突出表现，能够有较好的运营能力，能够形成完善的治理体系和治理能力，能够实现高效能的运转；四是发展潜力，主要是要评价旅游产业基金在未来的预期表现佳，能够形成良好的社会声誉，也能够改善当地的投资环境，有完善的科技、人才以及配套政策支撑中长期发展；五是旅游促进，主要是评价政府引导型旅游产业基金对旅游目的地发展是否发挥了积极的作用等。

（二）政府引导型旅游产业基金的绩效评价思路

结合前述研究和分析，提出政府引导型旅游产业基金的绩效评价分析总体思路，具体如下：

一是结合已有的国内外研究以及国家部委出台的政策文件，突出旅游领域的特色，在设计政府引导型旅游产业基金的绩效评价体系时，统筹考虑、科学安排，既要符合政策要求，但又不限于已有文件提出的评价体系，还要能够充分反映旅游行业的评价特色。

二是绩效评价体系是在规范管理评价基础上，对政府引导型旅游产业基金运行事中、事后行为的总体评价判断，侧重于对经济效益、社会效益、旅游促进等综合性结果导向性评价以及发展潜力等未来发展评价，同时兼顾对政府引导型旅游产业基金综合管理过程性评价。

三是绩效评价体系明确从政策效果、经济效益、管理效能、发展潜力、旅游促进五个方面入手，构建三级评价指标体系，对政府引导型旅游产业基金的绩效进行系统性评价。

四是绩效评价体系既不能从完全市场化运作的旅游产业基金视角着手，也不能从纯粹补贴性的财政专项资金视角出发，而是必须从政府＋市场的角度来入手，既要考虑到有为政府在对政府引导型旅游产业基金发展中起到的积极作用，又要考虑到有效市场在政府引导型旅游产业基金发展中起到的主要作用，二者是相辅相成、有机统一的，不是割裂开的。

五是绩效评价体系既要有定性的指标，同时，尽可能有更多定量化的评价指标，以提升政府引导型旅游产业基金的绩效评价的精确性。

三、政府引导型旅游产业基金的绩效评价体系分析

根据上述分析，确定绩效评价指标体系的目标层、准则层和指标层。目标层是政府引导型旅游产业基金绩效评价效果，准则层包括政策效果、经济效益、管理水平、旅游促进、发展潜力五个层面，指标层是各准则层下更加细分的指标，构建政府引导型旅游产业基金绩效评价三级指标体系。

（一）政府引导型旅游产业基金的政策效果评价指标设计

相较于普通的私募投资基金，政府引导型旅游产业基金要充分考虑到其政策性，不能单纯以市场化的角度来看待基金的绩效。因此，本研究在设计政府引导型旅游产业基金的绩效评价体系时，最优先考虑的是其政策

效果，即地方政府设立政府引导型旅游产业基金的政策效果是否达到了预期。政策效果主要评价旅游产业基金的政策预期目标是否实现，重点从财政资金杠杆作用、基金政策投向、基金区域布局、基金合规性、扶持初创旅游企业比率等方面进行评估。因此，在结合已有的研究和实践基础上，在该指标下可以设立三个二级指标，分别是财政杠杆效用、基金发展布局、扶持创新企业导向等（见表6-1）。

1. 财政杠杆效用

财政杠杆效用指标主要是评价政府引导型旅游产业基金能否达到预期设定目标，以少量的财政资金能否撬动更多的社会资金进入旅游领域，开展项目投资和建设，提高财政资金使用效率。政府引导型旅游产业基金设立目的就在于更好地发挥财政“四两拨千金”的功能，稳定社会投资预期，更好地助力旅游产业投资发展。因此，财政杠杆效用是政策效果评价的重要指标。在该二级指标下，可以设立两个三级指标，分别是财政资金放大倍数、财政资金放大结构。

财政资金放大倍数指标主要是评价政府引导型旅游产业基金的发起人中，财政实缴资金撬动社会资金投入的情况，带动社会资金的倍数，财政的杠杆作用是否充分得到了发挥。该指标是检验政府引导型旅游产业基金是否能够真正发挥“政府引导、市场主体”的作用，是否能够充分释放财政资金的活力，让更多社会资本参与到旅游领域中来。

财政资金放大结构指标主要是评价政府引导型旅游产业基金的财政资金吸引社会资本的结构中，民营资本和国有资本的结构比例，是否真正吸引到更多的社会资本参与进来，而非国有资本的内循环为主。该指标能够从另外一个层面更为精准地反映财政资金吸引社会资本的作用，特别是可以判断政府引导型旅游产业基金是以吸引国有资本投入为主还是吸引社会资本为主。

2. 基金发展布局

基金发展布局指标主要是评价政府引导型旅游产业基金在政策投向、投向合规性等方面是否达到或符合预期的政策目标。该指标是综合性地反映政府引导型旅游产业基金在发展和产业布局方向是否与政策目标相一致，在该指标下设两个三级指标，分别是基金政策投向、基金投向合规性。

基金政策投向指标主要是评价政府引导型旅游产业基金是否具有政策性的投资，其部分公益属性决定了政策性投资是其发展的内容之一，因此，基金的引导性、政策性投资是其不可缺少的重要内容。该指标主要是反映政府引导型旅游产业基金在运作期内是否有政策性投资项目，以及约定的旅游产业投资规模在基金累计投资规模中是否占据了较大的比重。

基金投向合规性指标主要是评价政府引导型旅游产业基金在开展政策性投资方面是否符合当前国家和所在省市区域的规范约束要求。尽管政府引导型旅游产业基金属于政策性基金，但其在投资方向仍然要遵守国家相关法律法规和相关制度的约束，该指标是为了更好地评价其在政策运作方向是否具备合规性。

3. 扶持创新企业导向

扶持创新企业导向指标主要是评价政府引导型旅游产业基金是否重点对旅游创业创新企业进行扶持。相较于传统的旅游企业，创业创新企业是旅游领域新的增长点，应该受到重点关注和支持，尤其是要关注扶持创新企业的数量和结构。在该二级指标下可设立两个三级指标，分别是扶持创新企业比率、扶持创新企业结构。

扶持创新企业比率指标主要评价政府引导型旅游产业基金对于所有支持的旅游产业投资项目中，创业创新企业所占的比重，比重越高，表明其支持力度越大，越能反映政府引导型旅游产业基金的政策成效越好。该指标主要侧重于对政府引导型旅游产业基金的定量绩效评价。

扶持创新企业结构指标主要是评价政府引导型旅游产业基金所扶持的创业创新旅游企业中，不同类型的创业创新企业结构是什么，各种不同类别创业创新企业所占的比重分别是多少。该指标是前一个指标的补充，从结构层面来进一步反映政府引导型旅游产业基金对创业创新型企业的实际支持力度。

表 6-1 政府引导型旅游产业基金的政策效果评价指标

二级指标	三级指标
财政杠杆效用	财政资金放大倍数
	财政资金放大结构
基金发展布局	基金政策投向
	基金投向合规性
扶持创新企业导向	扶持创新企业比率
	扶持创新企业结构

（二）政府引导型旅游产业基金的经济效益评价指标设计

经济效益是直观反映政府引导型旅游产业基金对地方经济发展带来直接影响的效益指标，主要包括政府引导型旅游产业基金带来的直接投资效益，也包括对地方旅游接待人数、旅游接待收入、重点旅游企业效益增长等方面带来的经济效益。经济效益越好，越能说明政府引导型旅游产业基金的作用是突出的，在该指标下可以设立两个二级指标，分别是旅游投资效益、旅游接待效益（见表 6-2）。

1. 旅游投资效益

旅游投资效益指标主要评价政府引导型旅游产业基金对于旅游项目投

资时产生的直接经济效益，这是最为直观反映政府引导型旅游产业基金经济效益的重要指标，旅游投资效益越好，表明政府引导型旅游产业基金发挥的作用越大，投资项目的收益越高。在该二级指标下可以设三个三级指标，分别是投资收益率、投资成功率、被投企业效益。

投资收益率指标主要是评价政府引导型旅游产业基金在一个时间周期内对于所投资旅游项目的净收益与投资总额的比率。投资收益率可以直观地反映引导型旅游产业基金在投资过程中所能够创造的经济价值，投资收益率越高表明政府引导型旅游产业基金创造的价值越大，能够真正为地方经济发展提供更多的服务。投资收益率指标是经济效益评价的核心指标。

投资成功率指标主要是评价政府引导型旅游产业基金在一个时间周期内对外投资旅游项目的成功退出项目占总项目的比重。从实践来看，政府引导型旅游产业基金既有成功的案例，也有失败的案例，特别是一些旅游投资项目初期是美好的，但在落地实施过程中，由于受到一些因素的影响，使投资项目难以进行下去或提前中止。对于投资成功的项目，则是通过旅游投资项目能够正常运行下去并且能够产生收益作为判断标准。投资成功率的高低反映政府引导型旅游产业基金是否能够真正发挥出作用，在对旅游投资项目判断和把握上发挥专业优势，产生更多的经济效益。

被投企业效益指标主要是评价政府引导型旅游产业基金在一个时间周期内所投资企业产生的综合经济效益，综合经济效益越好则政府引导型旅游产业基金的经济效益越好。该指标也是检验政府引导型旅游产业基金经济效益的重要指标，只有被投资企业产生盈利，政府引导型旅游产业基金才能有经济收益，才能创造更大的经济价值。

2. ***旅游接待效益***

旅游接待效益指标主要评价政府引导型旅游产业基金对于区域旅游经济的带动作用，政府引导型旅游产业基金发挥的作用越大，对当地旅游投资带动会越大，能够更好地促进旅游经济效益的增长。在该二级指标下可以设三个三级指标，分别是旅游接待人数增长、旅游总收入增长、重点旅游企业效益增长。

旅游接待人数增长指标主要是评价政府引导型旅游产业基金所在区域在一定时间周期内的旅游接待人数增长情况。不用绝对数量指标而用相对数量指标评价主要是为了更好地反映旅游接待人数的同比增长幅度，体现政府引导型旅游产业基金对旅游接待带来的游客数量增长影响。

旅游总收入增长指标主要是评价政府引导型旅游产业基金所在区域在一定时间周期内的旅游总收入增长情况，通常反映的是政府引导型旅游产业基金发展对当地旅游总收入带来的同比增长幅度，以相对指标来评价也是为了更好地反映出政府引导型旅游产业基金对旅游经济的实际贡献作用。

重点旅游企业效益增长指标主要是评价政府引导型旅游产业基金所在区域内在一定时间周期内重点旅游企业的效益增长情况。对于重点旅游企业效益增长情况的评价，可以较好地反映出政府引导型旅游产业基金是否真正发挥了积极的产业促进作用。该指标同样采用相对数量的效益增长率指标来评价，以更好地体现企业效益增长水平。

表 6–2　政府引导型旅游产业基金的经济效益评价指标

二级指标	三级指标
旅游投资效益	投资收益率
	投资成功率
	被投企业效益
旅游接待效益	旅游接待人数增长
	旅游总收入增长
	重点旅游企业效益增长

（三）政府引导型旅游产业基金的管理水平评价指标设计

管理水平主要评价政府引导型旅游产业基金的综合管理和运营情况，相较于规范管理方面，绩效评价主要从管理决策能力、财政透明度、风险控制能力、基金管理人业绩等方面进行评估，侧重于反映政府引导型旅游产业基金的管理能力。综合管理水平较高，会体现出政府引导型旅游产业基金的绩效越好。反之，综合管理水平一般或较差的政府引导型旅游产业基金，其绩效通常并不会太好。因此，在该指标下设立四个二级指标，分别是管理决策能力、财政透明度、风险控制能力、基金管理人综合评价四个指标（见表6-3）。

1. 管理决策能力

管理决策机制是政府引导型旅游产业基金最重要的机制之一，管理决策机制的完善与否决定了基金投资是否会达到预期的目标。在此二级指标下设三个三级指标，包括政府基金管委会设立、项目决策流程科学、项目进度合理。

政府基金管委会设立指标主要是评价政府层面是否对政府引导型旅游产业基金的成立设立了管委会，统筹负责基金从发起设立、投资、管理、退出等过程的重大事项。政府引导型旅游产业基金有政府出资人，就不同于完全市场化的旅游产业基金，需要设立管委会或类似的机构来统筹相关事务，才能更好地促进政府引导型旅游产业基金的科学发展。该指标是政府引导型旅游产业基金管理能力的重要体现，也是区别于其他旅游产业基金之处。

项目决策流程科学指标主要是为了评价政府引导型旅游产业基金在项目投资决策阶段，是否遵循规范的流程进行运作。基金项目决策流程是基金管理公司要严格执行的，规范的决策流程才能更好地规避非必要的风险。

项目进度合理指标主要评价政府引导型旅游产业基金是否按照项目决策流程，积极推进旅游投资项目的建设，取得了合理的进展。项目进度合理反映了政府引导型旅游产业基金实际投资项目运作情况，如果投资进度滞后，则会体现政府引导型旅游产业基金绩效会受到影响，也体现了管理决策能力。

2. 财政透明度

财政透明度是反映政府引导型旅游产业基金能否及时、准确地提供募、投、管、退等运行过程中的相关信息，让大众对政府引导型旅游产业基金的发展做出合理判断。实践中，加强信息披露是提高财政透明度的重要手段。相较于社会资本发起设立的私募投资基金，政府引导型旅游产业基金由于有政府财政的出资，应该有更大责任和义务进行信息披露。尽管国家发改委、财政部等政府部门尚未出台基金的信息公开披露机制要求，但从规范性视角来看，应该采取更加规范和严格的信息披露机制，以回应社会要求，并通过更加透明化的信息披露接受社会监督。在该二级指标下设两个三级指标，分别为基金信息披露的易获得性、基金信息披露内容的广度。

基金信息披露的易获得性指标主要是为了评价政府引导型旅游产业基金信息披露机制是否完备，是否采取了更加自觉的规范要求，是否主动向社会定期公开发布基金的经营情况和财务情况等重要信息，公众是否有便利的渠道能够获得基金的相关信息，或者基金仅定期向国家发改委、财政部、证监会等国家主管机构以及中国证券投资基金业协会等行业组织报送信息披露而不对公众进行信息披露。

基金信息披露内容的广度指标主要是为了评价政府引导型旅游产业基金信息披露的内容是否有足够的广度和深度，能够让公众了解基金运行的关键信息和重要信息，以对基金运行情况做出合理判断。

3. 风险控制能力

对于政府引导型旅游产业基金而言，风险控制是必要的环节之一。旅游产业基金既要面临政策风险，还要面临运营风险、投资风险等各类风险。因此，良好的内部风险控制机制是政府引导型旅游产业基金良性运转的基础。该指标主要是评价政府引导型旅游产业基金是否建立了规范的内部风险防控机制，包括是否建立了风险控制委员会、是否有专门的风险防控专业人员、投资项目是否偏离了预期的计划等。根据相关的理论研究和基金实践，选取两个三级指标，分别是风控队伍健全、内控机制健全。

风控队伍健全指标主要是评价政府引导型旅游产业基金是否建立了专门的风险控制人员队伍，是否建立了负责风险控制的决策委员会，进行专业化的风控预防、监测和处理。

内控机制健全指标主要是评价政府引导型旅游产业基金是否建立了风险预警和监测机制，是否加强对旅游投资项目事前、事中的风险监管等，是否密切跟踪风险，并且在风险发生时，基金是否采取了行之有效的风控措施来减少风险导致的损失，内控机制是否有效。

4. 基金管理人综合评价

基金管理人综合评价指标主要是评价基金管理人是否发挥了积极的作用，对于基金的运作和绩效提升开展了卓有成效的工作，取得了积极的成果，包括在政府引导型旅游产业基金中投资业绩显著、是否对投资人进行定期的信息披露、是否有利益冲突解决机制、是否按照程序进行尽职调查等。在该二级指标下可以设立两个三级指标，分别是投资业绩、专业服务能力。

投资业绩指标主要是评价政府引导型旅游产业基金管理人在本基金对外投资过程中取得的实际投资收益和回报，从直观层面来反映基金管理人真实的投资业务能力，是对管理人评价的重要指标之一。

专业服务能力指标主要是评价政府引导型旅游产业基金管理人是否具备尽职调查、投资运营、利益冲突解决等综合服务能力。

表 6-3　政府引导型旅游产业基金的管理水平评价指标

二级指标	三级指标
管理决策能力	政府基金管委会设立
	项目决策流程科学
	项目进度合理
财政透明度	基金信息披露的易获得性
	基金信息披露内容的广度
风险控制能力	风控队伍健全
	内控机制健全
基金管理人综合评价	投资业绩
	专业服务能力

（四）政府引导型旅游产业基金的旅游促进评价指标设计

政府引导型旅游产业基金的设立就是为了更好地服务地方旅游产业发展需要，支持旅游目的地建设，支持重大旅游项目发展。因此，对于旅游促进的评价也是绩效评价的重要内容之一。对于旅游促进，主要评价旅游产业基金对地方旅游业发展是否起到积极的作用，重点从产业发展层面对促进社会投资、旅游产业升级、旅游企业数量增长等进行评价。在结合已有研究的基础上，可以在旅游促进二级指标下设促进社会效益、促进旅游产业升级、旅游市场主体增长三个二级指标（见表 6-4）。

1. 促进社会效益

政府引导型旅游产业基金的主要功能就是为了更好地释放财政活力，发挥财政资金杠杆作用，有效带动社会投资进入旅游领域。因此，政府引导型旅游产业基金可以带动多少社会投资以及带动社会投资的结构均是需要考虑的问题。在研究和实践的基础上，在此二级指标基础上，可以下设带动社会投资规模、促进旅游就业增长、旅游税收贡献三个三级指标。

带动社会投资规模指标主要评价政府引导型旅游产业基金能够带动本区域的社会投资规模数量。通常省市县三级政府引导型旅游产业基金主要是围绕本区域开展旅游产业投资，这决定了其在当地要能够发挥更重要的作用。因此，在一个时间周期内，能够带动旅游社会投资的规模大小可以直观地反映出政府引导型旅游产业基金是否如预期一样，对地方的旅游投资起到重要的促进作用。

促进旅游就业增长指标主要是评价政府引导型旅游产业基金所在区域在一定时间周期内的旅游就业增长情况，包括政府引导型旅游产业基金投资带来的旅游直接就业情况，也包括发挥辐射作用带来的间接就业情况，二者的就业增长总量反映了政府引导型旅游产业基金所带来的总体就业影响。

旅游税收贡献指标主要是评价政府引导型旅游产业基金在一定时间周期内，通过旅游投资项目的带动作用，为所在区域带来旅游税收增长的情况。该指标反映了税收定量增长情况，但在实践中，旅游税收贡献数据不易掌握，需要有详细的税务数据披露才能够开展进一步的评价分析。

2. 促进旅游产业升级

旅游产业升级针对目的地的旅游企业而言，主要评价在政府引导型旅游产业基金的带动作用下，是否实现了目的地旅游产业结构优化，在市场竞争力、应对危机能力、核心服务能力、创新能力等方面是否有较大提升。旅游产业升级反映了政府引导型旅游产业基金对整个目的地的影响带动作用，虽然政府引导型旅游产业基金并非是万能的，但是好的旅游产业基金是可以发挥对地方旅游产业升级的促进作用的。该二级指标下可设立三个三级指标，分别是市场竞争力提升、创新能力提升、应对危机能力提升。

市场竞争力提升指标主要评价在一个区域内，由于政府引导型旅游产业基金的影响作用，旅游企业的整体市场竞争力是否得到有效提升。旅游业本质上是服务行业，特别是在大众旅游向中高级阶段迈进的当下，提升核心竞争力是旅游产业升级的重要保障，该指标反映的是目的地整体核心服务能力的提升，能够更好地适应旅游市场的需求变化，促进旅游产业升级换代。对于区县一级的区域而言，政府引导型旅游产业基金发挥的作用可能会更大些，对于市场竞争力的提升会相对更重要。

创新能力提升指标主要评价在一个区域内，由于政府引导型旅游产业基金的作用，目的地旅游企业的整体创新能力是否得到有效提升。创新能力是反映旅游产业升级的重要指标，特别是在旅游业加速迭代发展的今天，创新能力强才能在竞争激烈的旅游市场立足，才能够更好地服务游客的同时，获得更好的发展机会。创新能力提升指标反映了政府引导型旅游产业基金是否能够有效促进旅游目的地企业的整体创新水平提高。

应对危机能力提升指标主要评价在一个区域内，由于政府引导型旅游产业基金的影响作用，旅游目的地企业是否具有应对风险和重大危机挑战的能力。对于旅游企业而言，近两年最大的危机当数新冠肺炎疫情对整个旅游行业发展产生的冲击，随着“黑天鹅”“灰犀牛”事件的不断出现，对旅游行业应对危机能力形成了较大的挑战。因此，在当前阶段，提升危机应对能力也是反映旅游产业升级，反映政府引导型旅游产业基金绩效的重要评价指标。

3. 旅游市场主体增长

旅游市场主体增长指标反映了政府引导型旅游产业基金所在区域的旅

游企业数量和结构的发展情况。政府引导型旅游产业基金对旅游市场主体促进作用也是非常重要的，一方面旅游市场主体的发展体现了当地的营商环境；另外一方面，旅游市场主体的发展也反映了政府引导型旅游产业基金是否能够真正起到应用的辐射带动作用，是否能够带动旅游企业的集聚性增长。该二级指标下可以设立两个三级指标，分别是旅游市场主体增长数量、旅游市场主体增长结构。

旅游市场主体增长数量指标主要评价一个区域在一个时间周期内，旅游市场主体的绝对增长数量，是总量增长的评价指标，直观反映旅游市场主体的发育情况。

旅游市场主体增长结构指标主要评价一个区域内在一个时间周期内，各类旅游市场主体增长的结构。反映在政府引导型旅游产业基金的作用下，带动的旅游市场主体中，小微企业、规模以上企业以及大型旅游集团的分布结构。特别是新型旅游市场主体所占比重情况能够反从侧面反映政府引导型旅游产业基金的产业发展促进导向。

表 6-4　政府引导型旅游产业基金的旅游促进评价指标

二级指标	三级指标
促进社会效益	带动社会投资规模
	促进旅游就业增长
	旅游税收贡献
促进旅游产业升级	市场竞争力提升
	创新能力提升
	应对危机能力提升
旅游市场主体增长	旅游市场主体增长数量
	旅游市场主体增长结构

（五）政府引导型旅游产业基金的发展潜力评价指标设计

发展潜力主要评价政府引导型旅游产业基金未来发展前景，是对可预期的未来进行的一项综合评估指标，要反映对政府引导型旅游产业基金未来前瞻性的发展评价，主要可以从社会声誉度、营商环境、科技人才支撑、配套政策支持等方面进行评估。结合研究和实践情况，可以设立社会声誉、营商环境、科技人才支撑、配套政策支持四个二级指标（见表 6-5）。

1. 社会声誉

社会声誉指标主要是评价政府引导型旅游产业基金在社会领域和业界内的声誉和影响力，主要反映的是政府引导型旅游产业基金在发展到一定阶段后，在旅游业界的品牌影响力、服务能力、投资水平、承担的社会责任以及企业核心价值等方面，是综合性的评价。该二级指标可下设三个三级指标，分别是品牌影响力、社会美誉度、企业社会责任等。

品牌影响力指标主要是评价政府引导型旅游产业基金自从设立以来培育的企业品牌，以及在社会是否形成了广泛的影响力，反映的是政府引导型旅游产业基金自身在基金行业、旅游领域是否具有足够的影响。

社会美誉度指标主要是评价政府引导型旅游产业基金在社会上的赞美程度，包括对基金本身的能力评议、专业认同、影响力认同等诸多方面，有较高的正面社会评价。

企业社会责任指标主要是评价政府引导型旅游产业基金除了在开拓自身的业务之外，还是否能够对员工、对社区、对旅游者、对投资者、对相关利益主体等承担起一定的社会责任，包括对外帮扶支持、生态环境保育、资助社会公益事业以及企业主营业务外的社会支援服务等。

2. 营商环境

营商环境指标主要是评价分析政府引导型旅游产业基金所在区域的营

商环境如何，包括投资的便利性、投资的安全性、投资服务的完善性等。投资环境的好坏会直接影响到政府引导型旅游产业基金在当地的发展情况，营商环境越好，对于政府引导型旅游产业基金的外部约束相对较少，更易获得市场资源，更易建立稳定的盈利模式和发展预期。在该二级指标下设三个三级指标，分别是投资便利性、投资安全性、投资服务保障等。

投资便利性指标主要是评价政府引导型旅游产业基金在区域内开展旅游项目投资时，是否投资门槛较低，没有投资障碍，在投资行政审批以及投资进展方面是否能够有充分的保障。

投资安全性指标主要是评价在区域内开展旅游项目投资时，投资环境是否足够安全，能够为投资提供稳定、有序的外部发展环境。

投资服务保障指标主要是评价区域内开展旅游项目投资，在后续的投资过程中是否能够提供优质的营商环境，能够为旅游投资前、中、后期均能提供完善的综合服务保障。

3. 科技人才支撑

科技人才支撑指标主要是评价分析政府引导型旅游产业基金的外部环境支撑要素，包括科技与人才。当前，旅游领域科技应用更加广泛，传统的旅游行业均要插上科技的翅膀才能更好地起飞。同样，对于政府引导型旅游产业基金而言，人才也是重要的评价指标，旅游产业基金的经营需要有专业的营运团队和专业的运营能力，是否有足够的优秀人才来服务政府引导型旅游产业基金的发展显得非常重要。科技与人才是政府引导型旅游产业基金发展当前不可或缺的重要指标。该二级指标下可以再设两个三级指标，分别是科技支持、人才支持。

科技支持指标主要评价政府引导型旅游产业基金在发展过程中是否能够充足运用现代科技来服务于产业发展和投资需求。在科技发展日新月异的今天，5G、人工智能、物联网、大数据、人脸识别等现代科技在旅游领域越来越广泛地使用，不仅影响着旅游产业的发展，也对旅游投资方向有重要的影响。政府引导型旅游产业基金的发展同样需要依托现代科技来支持，更好地精准投资、规避风险，以实现可持续发展。因此，科技支持是评价政府引导型旅游产业基金是否有发展潜力的重要指标。无论是在旅游科技方面的投资方向，还是产业基金本身的科技运用，都是必要和重要的。

人才支持指标主要评价政府引导型旅游产业基金在发展过程中是否有充足的优秀人才来服务于发展需要。政府引导型旅游产业基金的专业性强，既需要懂产业基金方面的金融人才，更需要懂旅游行业发展的专业人才，需要有专业的团队才能支撑产业基金的运作与发展，这也是维系旅游产业基金可持续发展的根本。因此，加强人才支持方面的评价也是反映政府引导型旅游产业基金发展潜力的重要指标。

4. 配套政策支持

配套政策支持指标主要是评价政府引导型旅游产业基金发展是否有充足的配套政策来支持，包括财政政策、金融政策、投资政策、土地政策等政策支持。一旦缺乏配套的政策支持，会影响政府引导型旅游产业基金的产出效率，进而可能会导致投资失败。完善的配套政策是推动政府引导型旅游产业基金绩效提升，也是实现可持续发展的必要基础。结合政府引导型旅游产业基金的实践，在该二级指标下设三个三级指标，分别是财税政策支持、金融政策支持、土地政策支持。

财税政策支持指标主要是评价政府引导型旅游产业基金能否在投资所在地获得额外的财税政策支持，主要是财政投入补贴和税收优惠。事实上，政府引导型旅游产业基金的设立出资方就有财政资金的介入和支持，该指标的设立是为了更好地评价政府引导型旅游产业基金在对外投资过程中，是否能够得到地方政府的重视，给予相应的财政配套资金支持，以更好地发挥旅游产业基金对产业发展的引导作用。同时，政府引导型旅游产业基金并非是纯商业化运作的基金，还带有一定公益属性，不能完全按照市场化的商业基金来对待，给予相应的税收优惠是应当的。该指标也是反映政府引导型旅游产业基金发展受重视程度，反映配套政策是否完善。

金融政策支持指标主要是评价政府引导型旅游产业基金在运作过程中是否有足够的金融政策支持。政府引导型旅游产业基金既有财政属性，又有金融属性，金融政策的支持不可或缺，特别是在政策性融资、金融管制等方面还需要政策支持。因此，该指标也是反映政府引导型旅游产业基金在配套政策方面是否受到足够重视的关键指标。好的金融政策有助于政府引导型旅游产业基金的发展，有助于基金的事半功倍。

土地政策支持指标主要是评价政府引导型旅游产业基金在投资过程中是否享受到土地政策的支持。从旅游产业发展来看，土地问题常常是制约产业发展的重要因素，缺乏土地政策支持，旅游项目特别是重大项目就难于落地，因此，土地政策支持就显得非常关键。该指标也是反映政府引导型旅游产业基金在区域投资中，是否受到地方政府足够的重视。

表 6-5　政府引导型旅游产业基金的发展潜力评价指标

二级指标	三级指标
社会声誉	品牌影响力
	社会美誉度
	企业社会责任
营商环境	投资便利性
	投资安全性
	投资服务保障
科技人才支撑	科技支持
	人才支持

续表

二级指标	三级指标
配套政策支持	财税政策支持
	金融政策支持
	土地政策支持

根据上述的分析，本研究最终构建了三个层次的政府引导型旅游产业基金绩效评价指标体系（见表 6–6）。政府引导型旅游产业基金绩效评价指标主要由 5 个一级指标，16 个二级指标，40 个三级指标构成，5 个一级指标分别是政策效果、经济效益、旅游促进、管理水平、发展潜力，5 个指标各有侧重，既能反映政府引导型旅游产业基金在实际运营中的综合管理水平，又能反映经济效益和政策效应，还能反映对当地旅游发展的促进作用以及自身未来的发展潜力空间。相较于前一阶段的规范管理评价指标，绩效评价指标更侧重于政府引导型旅游产业基金的结果以及未来产生的效益评价，是在规范管理的基础上进行的目标实现程度及效率的综合性评价。

表 6–6　政府引导型旅游产业基金绩效评价指标

一级指标	二级指标	三级指标
政策效果	财政杠杆效用	财政资金放大倍数
		财政资金放大结构
	基金发展布局	基金政策投向
		基金投向合规性
	扶持创新企业导向	扶持创新企业比率
		扶持创新企业结构

续表

一级指标	二级指标	三级指标
经济效益	旅游投资效益	投资收益率
		投资成功率
		被投企业效益
	旅游接待效益	旅游接待人数增长
		旅游总收入增长
		重点旅游企业效益增长
旅游促进	促进社会效益	带动社会投资规模
		促进旅游就业增长
		旅游税收贡献
	促进旅游产业升级	市场竞争力提升
		创新能力提升
		应对危机能力提升
	旅游市场主体增长	旅游市场主体增长数量
		旅游市场主体增长结构
管理水平	管理决策能力	政府基金管委会设立
		项目决策流程科学
		项目进度合理
	财政透明度	基金信息披露的易获得性
		基金信息披露内容的广度
	风险控制能力	风控队伍健全
		内控机制健全
	基金管理人综合评价	投资业绩
		专业服务能力

续表

一级指标	二级指标	三级指标
发展潜力	社会声誉	品牌影响力
		社会美誉度
		企业社会责任
	营商环境	投资便利性
		投资安全性
		投资服务保障
	科技人才支撑	科技支持
		人才支持
	配套政策支持	财税政策支持
		金融政策支持
		土地政策支持

第七章 促进政府引导型旅游产业基金高质量发展的对策建议

根据前述分析，结合文化和旅游发展趋势以及高质量发展的要求，本章从做好顶层设计、规范基金设立、提升基金运行效率、加强风险防控及退出管理、加强基金发展监管、加强基金人才培养以及完善配套政策支持七个方面提出了促进政府引导型旅游产业基金高质量发展的对策建议。

一、做好政府引导型旅游产业基金高质量发展的顶层设计

（一）明确基金发展中的政府与市场关系

政府引导型旅游产业基金主要的作用是通过财政资金引导社会资本进入需要重点发展的旅游领域，让社会资本在旅游业发展中发挥更加重要的作用。“政府引导、市场运作”虽然是各地政府引导型旅游产业基金的运作准则，但在实践中往往难以做到。让社会资本发挥主导作用，可能会偏离政府的预期目标，在政策导向和盈利导向间要实现平衡并不容易。因此，需要进一步明确基金在未来发展过程中政府与市场的关系，出台政府引导

型产业基金的法律法规，进一步明确包括旅游产业基金在内的政府引导基金中政府与市场的关系，明确政府可以管的事项以及不应该管的行为，以更好地界定政府与市场的行为。各级政府在政府引导型旅游产业基金运营时应当在国家法律法规和相关规章制度框架下，制定地方规章制度，明确投资领域、投资行为或者通过推荐的投资决策委员会委员行使政府股东权益，明确"负面投资清单"，而不对基金具体的投资运作进行干预。在实现政策目标后，财政资金应逐步退出相应的旅游投资项目，由社会资本来完成后续投资。通过完善制度，让政府引导型旅游产业基金的发展有章可循，既要发挥出政策导向作用，让政府履行责任又不越位，又要发挥出市场的效率，实现政府与市场的有机统一。

（二）从国家层面加强对旅游产业基金发展的制度设计

从国家层面出台政府引导型产业基金的管理条例和办法，形成稳定的政策预期。要积极推动政府引导型产业基金的立法进程，尽快推动《政府引导型产业基金条例》和相关配套措施出台，以法律形式明确包括旅游产业性基金在内的各类政府引导基金运行规范，减少短期政策的不确定性和不稳定性，为政府引导型旅游产业基金的发展提供坚实的法律基础保障。在此基础上，加强对政府引导型旅游产业基金发展的指导和引导，建议由财政部、文化和旅游部、中国人民银行、证监会等部门联合制定《促进政府引导型旅游产业基金发展的指导意见》和《政府引导型旅游产业基金规范操作指南》，明确政府引导型旅游产业基金的发起设立、模式选择、投资收益分配、日常运营管理、投资风险分担、退出机制等规范操作流程。要"有所为，有所不为"，既要体现出政府引导型旅游产业基金发展中政府的引导作用，也要充分体现市场的作用，还要与一般市场化的私募股权投资基金管理有所区分。针对直接投资类的引导基金、母子基金类引导基金和债权类引导基金三种不同的基金发展模式，分类制订相应的管理举措，以更有针对性地指导行业、指导地方推动政府引导型旅游产业基金的发展。

（三）分类指导地方制定旅游产业基金管理办法

由于各省市在旅游业资源禀赋、发展水平以及发展模式等方面存在较大差异，就不能采用单一的制度来管理各地的政府引导型旅游产业基金发展，要采取因地制宜的方式，更有针对性地加强对政府引导型旅游产业基金的规范管理。建议财政部、文化和旅游部加强对地方的分类指导，鼓励各省份以及有条件成立政府引导型旅游产业基金的市县，在国家法律法规和政策的基础上，出台符合地方发展需要的政府引导型旅游产业基金管理办法，更加注重地方旅游业资源特色、发展阶段和发展方向，明确要发展的重点旅游项目和新业态，明确投资方式、投资方向等关键内容。通过出台地方政府引导型旅游产业基金管理办法，以更好地规范旅游产业基金的发展，提升运作效率。在此基础上，总结地方成功发展模式，形成典型的案例并向全国推广，为其他地区政府引导型旅游产业基金发展提供可复制、可推广、可借鉴的先进经验。

（四）评估旅游产业基金设立的必要性

从省级层面来看，成立政府引导型旅游产业基金是必要的，可以充分发挥对地方旅游产业发展的引领带动作用，北京、浙江、陕西、广东、山东、江西、河北、四川、湖南等省份先后成立了省级政府引导型旅游产业基金，还有一些省份正在筹备成立政府引导型旅游产业基金。省级政府引导型旅游产业基金主要面向全省旅游业发展，其设立有助于通过引导资金的注入，带动社会资本的投向需要重点发展的区域和旅游重点领域。从市级层面来看，重点旅游城市旅游资源较为丰富，旅游产业发展相对成熟，有充足的财政支持，具备设立政府引导型旅游产业基金的基础条件，可以设立市级的政府引导型旅游产业基金，助力当地旅游产业的发展。从县级层面来看，县域区域面积相对较小，旅游资源相对较少，优质旅游投资项目通常不多，而政府引导型旅游产业基金对旅游项目有较高的要求，一旦缺少优质旅游项目可投，基金将会面临空转。因此，要做好各层级政府引导型旅游产业基金的设立评估，谨慎评估县级引导型旅游产业基金的设立，要做好基金设立的必要性、可行性等充分论证，不能一哄而上，避免财政资金的浪费，避免形成旅游产业基金发展的泡沫。建议从总量上对政府引导型旅游产业基金的设立进行适当控制，严格审批旅游产业基金的设立，重点推动省级引导型旅游产业基金的设立，科学规划市级旅游产业基金的设立，控制区县层级的政府引导型旅游产业基金的设立，对于旅游业发展较为突出的区县可以考虑设立政府引导型旅游产业基金。

（五）建立省域内旅游产业基金的分工合作机制

目前我国的省、市、县三级政府引导型旅游产业基金尚未形成科学的分工与合作机制。部分省份既有省级的政府引导型旅游产业基金，也有市县一级的政府引导型旅游产业基金，要做好政府引导型旅游产业基金设立的整体规划，统筹规划省、市、县三级旅游产业基金的功能和定位，省级政府引导型旅游产业基金重点支持省级重点旅游项目以及跨区域的旅游项目为主，市县一级旅游产业基金重点支持本市县区域范围内的旅游项目为主。建立省级和市县一级旅游产业基金的合作机制，如市县一级的重大旅游项目可以引入省级旅游产业基金的支持，避免基金之间的过度竞争和重复投资。同时，省级旅游产业基金要注重区域平衡发展，要重点投向省内尚未成立旅游产业基金的区域和要重点发展的区域。通过省、市、县政府引导型旅游产业基金的分工与合作，构建起良性循环的发展机制。

（六）建立跨区域旅游产业基金合作联盟

政府引导型旅游产业基金主要集中在十亿元以上的规模，百亿元以上规模的相对较少，这意味着单个政府引导型旅游产业基金的对外投资能力是有限的。并且，随着政府引导型旅游产业基金逐渐增多，区域投资限制门槛逐步降低，基金跨区域的竞争不可避免，甚至可能形成恶性竞争局面。因此，有必要加强政府引导型旅游产业基金之间的横向合作，建立合作联盟机制，打造跨区域的政府引导型旅游产业基金联盟，促进区域间旅游资源的合理流动以及产业的分工协调发展，共同提升区域旅游业整体发展水平。

二、规范政府引导型旅游产业基金的设立

（一）规范旅游产业基金的发起设立

政府引导型旅游产业基金的设立是首要环节，要加强对发起设立环节的规范运作，对于股权、债权两类旅游产业基金，均要明确政府出资为财政预算内出资。同时，要吸引更多的社会资本参与发起设立，更好地发挥财政撬动社会资本的功能作用。要明确财政部门、文化和旅游部门在发起设立环节的权利和责任，把好设立环节关口。在发起人方面，除地方政府出资机构代表外，其他基金合伙人或投资者应是具备一定风险识别和承受能力的合格机构投资者，不能是个人投资者。可以优先考虑引入本地有影响力或者在全国有影响力的大型旅游企业集团作为主要发起人之一共同参与政府引导型旅游产业基金的设立。一方面，可以由龙头旅游企业将其成熟的经营管理理念运用于投资项目中；另一方面，通过强强联合可以扩大

政府引导型旅游产业基金的综合影响力。在发起方式上，要明确政府引导型旅游产业基金社会资本部分应当采取私募方式，即采取非公开、特定的对象募集资金的发起方式。在发起阶段，要制定规范的基金公司章程及有限合伙人协议，健全和规范基金的制度。在财政出资代表选择方面，优先选择本地具有实力的国有旅游集团作为政府出资人代表，并由出资人代表按照国家相关规定选择境内的商业银行作为基金的资金托管银行。

（二）明确旅游产业基金的规模和出资方式

在政府引导型旅游产业基金发展设立时，要明确基金的总体规模、首期规模以及资金到位时间。对于省级政府引导型旅游产业基金，总规模可以略大，规模可以按 100 亿元以上的规模来募资，对于市级政府引导型旅游产业基金，规模尽管不超过 100 亿元，控制在 50 亿元以内较为恰当；对于县级政府引导型旅游产业基金，由于县域可投资项目相对较少，规模不宜超过 10 亿元。通过对省、市、县三级政府引导型旅游产业基金总体规模进行控制，以避免旅游产业基金的资金不到位、运营困难等问题发生。要明确资金到位时间，要求发起人的募集资金要严格在规定时间内到位，尽量在基金发起设立后的六个月内让募资到位，以免影响旅游产业基金的运作。要明确合伙人企业股东结构及出资比例。政府引导型旅游产业基金中既有政府出资人，也有社会出资人，要明确政府引导型旅游产业基金政府出资的恰当比例，既要避免出资比例过低，难以吸引社会资本进入，也要避免出资比例过高，财政负担较重，且影响社会资本参与的积极性。综合各地情况，政府出资人不作为控股方，只作为参股方，宜将政府出资比例控制在 15%~25%，赋予社会资本更多的话语权，让更多的社会资本能够参与到政府引导型旅游产业基金的发起与设立中来。

（三）明确旅游产业基金的组织架构

根据不同层级的政府引导型旅游产业基金，设立相应的基金组织架构。建议设立旅游产业基金管理委员会，由省（市、县）分管文化和旅游的主要领导担任委员会主任，成员由对应层级的财政、金融、文化和旅游以及其他相关部门的负责人组成。旅游产业基金管理委员会负责确定基金发起的方式和规模，明确基金的投资导向，对基金合伙人协议、章程、委托管理协议等进行审核，对政府出资人代表和基金管理公司运营过程实施监督等。财政部门要加强对财政出资、使用监管及绩效评价；文化和旅游部门主要负责对基金投资方向及投资项目的合规性进行审查以及对出资代表进行监督及基金管理委员会日常运作；金融部门负责旅游产业基金运营管理中金融政策的支持和指导。基金管理委员会下设办公室，由省（市、县）财政、文化和旅游部门相关人员组成，负责管理基金的日常事务。明确政府引导型旅游产业基金的主要发起人，负责基金的登记备案、发起资金的募集、组建或委托基金管理公司、确定托管银行等。在基金发起设立后，要尽快确定基金管理公司，基金管理人机构既要具有相应的资质，更要重视在基金管理方面具有良好的过往业绩支撑。基金管理公司主要执行基金管理委员会的决策，建立风险防控机制，建立基金管理制度，定期报告投资项目进展以及其他职责。

（四）规范旅游产业基金的登记管理

要严格按照国家发改委、财政部对政府出资产业投资基金的管理要求，规范各级政府引导型旅游产业基金的登记管理，将基金的批复、组建方案、章程、合伙协议、管理协议、托管协议、基金管理人协议、基金高级管理人员的简历及业绩、基金出资人向基金出资的资金证明文件等信用信息，按照层级，在全国政府出资产业投资基金信用登记系统或者地方政府出资产业基金信用登记子系统进行登记，由发改委、财政部对相关信息进行合规性审查，对于审查通过的政府引导型旅游产业基金在信用信息登记系统进行公开，对于未审查通过的政府引导型旅游产业基金提出基金整改建议书，直至基金达到合规性要求。

（五）建立市场化的旅游产业基金运行机制

推动地方政府转变传统的政府主导发展思维，更加注重社会资本在旅游产业发展中的决策作用，强化政府引导型旅游产业基金的市场化运作方式。对于各类政府引导型旅游产业基金，在积极引入社会资本参与的同时，要减少政府部门的行政命令色彩，让社会资本真正参与到投资决策中来，以更好地鼓励社会资本参与旅游产业基金的发展。省级层面，要建立旅游产业基金投资项目库，定期在省内遴选一批优质的重点旅游项目，以项目引导旅游产业基金的投资方向、投资领域。市县一级政府应适度放宽政府引导型旅游产业基金的地域投资条款，鼓励旅游产业基金跨区域的适度竞争，拓宽旅游产业基金投资的选择面。对于社会资本有充足意愿投资的旅游领域，政府引导型旅游产业基金不应参与投资，而要更多投向于当前发展还较为薄弱但未来发展前景看好的旅游项目，培育壮大一批有潜力的旅游新产品、旅游新业态，在项目发展成熟后择机退出。

（六）鼓励地方选择适合自身发展的产业基金模式

目前政府引导型旅游产业基金有直接投资类旅游产业基金、母子基金类旅游产业基金、债权类旅游产业基金三种模式，三种模式各有特色和优劣势，在地方均有成功的案例。各地可以根据当地旅游业发展的阶段和发展水平、财政情况等因素，在建立旅游产业基金时更有针对性地选择适应自己的发展模式。如省级旅游产业基金，可以选择采取母子基金的模式，在母基金下设若干个旅游子基金，以更好地放大财政资金的杠杆效应，市级层面既可以选择直接投资类旅游产业基金和债权类旅游产业基金，特别是在好项目较少且企业不愿意通过股权转让时，设立债权类旅游产业基金往往是较好的选择。

三、提升政府引导型旅游产业基金的运行效率

（一）健全旅游产业基金投资决策机制

建立健全政府引导型旅游产业基金投资决策机制，健全旅游投资决策委员会工作机制，加强各旅游产业基金投资决策委员会专业委员的力量，让更多的旅游投资专业人才进入决策委员会。建立健全重大旅游投资决策合议制，对于旅游产业基金的重大旅游投资项目由投资决策委员会成员进行表决来决定是否要投资以及采取何种方式投资。政府出资代表按出资比例进入投资决策委员会，在普通投资项目决策中同样仅有一票的投票权，但对于违反国家旅游投资规范的项目，应赋予其“一票否决权”，以确保旅游投资项目的合规性。依托旅游产业基金的外部专家力量，建立旅游投资咨询委员会，旅游投资咨询委员会专家定期召开咨询会议，为旅游产业基金的投资方向、投资目标、投资内容等提供决策咨询建议，形成专业的指导意见，提升旅游产业基金的专业投资能力。

（二）明晰各类旅游产业基金的投资方式

对于目前存在的直接投资类旅游产业基金、母子基金类旅游产业基金、债权类旅游产业基金三类政府引导型旅游产业基金，要明晰相应的投资方

式。对于直接投资类旅游产业基金，可以进行直接投资旅游项目，但不允许设立母子型旅游产业基金。对于母子基金类旅游产业基金，母基金只能参与子基金的设立，不允许开展直接旅游项目投资，而只能通过设立的子基金进行投资，并且子基金设立数量、募集资金规模要根据地方旅游发展需要和财政状况来决定。对于子基金，在国家法律法规的基础上，各地方可以出台规定进一步明确增资、投资、运作方式、退出等详细规则。直接投资类旅游产业基金和母子基金类旅游产业基金只能进行股权投资，不允许进行债权投资。对于债权类旅游产业基金，只允许以小额信贷等方式进行债权型投资，不能进行股权投资，并且贷款利率不高于同期商业银行的贷款利率。通过对三类政府引导型旅游产业基金的投资方式约定清晰，让政府引导型旅游产业基金的投资方向更加清晰且符合规范性要求。

（三）突出旅游产业基金的投资引导功能

政府引导型旅游产业基金投资应以长期的投资价值为导向，不能以短期赢利为导向，要投向有发展潜力的旅游项目、有成长趋势的旅游项目，才能更好地发挥对旅游新产品、新业态的引领作用。而这类项目并非一开始就能赢利，需要有一个培育周期和过程。从旅游业发展来看，虽然整体发展水平向好，但是微观上的好项目却相对较少，导致一些地方的政府引导型旅游产业基金无项目可投。从产业融合层面来看，旅游业与工业、农业、商业、体育、教育、科技等相关产业的融合程度越来越高，市场发展空间更大。因此，政府引导型旅游产业基金不能仍停留于传统的景区、酒店、演艺等旅游产业投资，而要放眼未来，着眼于旅游产业融合发展趋势，积极投资于当前虽然与旅游业关联不大，但未来与旅游业发展密切相关的行业，重点投向旅游基础设施和公共服务、旅游新兴业态、生态环境、旅游科技、旅游制造业等新领域。要明确政府引导型旅游产业基金对单个企业的投资额不得超过基金资产总值的20%，避免基金的风险过度集中，同时，也为了避免基金投资单个企业额度过高，影响社会资本参与的积极性。要坚持适度多元，通过多元的旅游投资方向，既满足政府引导型基金的产业功能引导要求，又满足社会资本的适度赢利要求。

（四）以旅游规划为依托推动重点旅游项目落地

从政府引导型旅游产业基金的投资实践来看，需要在已有的旅游总体规划和专项规划基础上进行落实，而不能脱离规划去投资旅游项目，特别是很多地方的旅游规划充分考虑了旅游项目的落地实施，在空间、土地利用等方面给予了支持。因此，需要地方做好旅游中长期发展规划，明确地方在中长期需要建设和发展的重点项目和重点领域，并统筹安排土地、生态、财政等一揽子支持政策。在此基础上，结合政府引导型旅游产业基金的切入点，将旅游发展规划与旅游项目落地相结合，以政府引导型旅游产业基金为引导，吸引更多社会资本参与规划项目的建设，促进地方旅游业的发展。

（五）推动旅游产业基金与旅游 PPP 项目结合

旅游 PPP 项目是政府和社会资本结合的产物，但由于门槛高、程序烦琐、赢利存在不确定性，社会资本往往更多采取观望态度，一些社会资本在开展此类项目时往往会要求政府引导型旅游产业基金先进入才愿意投资。这也表明政府引导型旅游产业基金具有政府信用背书的作用，政府引导型旅游产业基金投资旅游 PPP 项目有助于增强社会资本的投资信心。因此，要充分发挥中国政企合作支持基金、中国旅游产业基金等国字号基金以及省级、市级政府引导型旅游产业基金对旅游 PPP 项目的示范引导作用，为旅游 PPP 项目增信和赋能，在旅游 PPP 项目前期积极介入，并引导金融机构、社会资本积极参与旅游 PPP 项目融资，根据政府引导型旅游产业基金的存续期，在项目中后期适时退出，拓展旅游 PPP 项目的发展空间。

（六）防止旅游产业基金成为新型的地方融资平台

当前，国家正大力规范和清理地方融资平台，而政府引导型旅游产业基金由于目前缺乏对资金流向的具体监管，有可能会成为地方政府规避融资平台清理的新型变通式融资模式，增加地方财政负担。因此，要加强对政府引导型旅游产业基金资金流向的监管，不对投资项目回报兜底、不对项目进行回购，要求基金管理公司严格按照基金管理协议进行资金和项目管理，一旦出现违规情况，就要终止基金管理公司的管理资格，避免政府引导型旅游产业基金发展偏离方向。

四、加强政府引导型旅游产业基金的风险防控及退出管理

（一）健全旅游产业基金内部的风险防控机制

加强政府引导型旅游产业基金的风险防控，基金管理委员会要明确基金的禁止投资条款，包括禁止吸收存款、贷款、抵押、担保等业务。建立基金内部高素质的风险防控队伍体系，选择在金融风险防控方面有经验的优秀人才组成风控队伍。当旅游产业基金单个投资项目退出后，先提取一定比例的增值收益作为风险准备金，用于弥补可能发生的亏损，剩余增值收益用于分配。出台政府引导型旅游产业基金内部风险防控的系列规章制度，包括风险控制管理办法、关联交易制度、风险隔离制度、产品风险等级划分标准等。建设基金风险预警机制，构建风险预警模型，预测基金将要面临的风险，一旦达到风险预警，则启动风险防控应急预案，力争将基

金的风险控制在最小的范围。在基金开展旅游投资后，定期要求被投资企业及时提交企业审计报告，并根据审计报告决策采取后续的投资和风险控制行为，若被投资企业出现违法违规和偏离政策导向等情形，基金有权终止合作。定期开展基金内部的风险压力测试，及时排除可能的风险隐患，提升内控机制的有效性。

（二）建立旅游产业基金行业间的风险控制体系

建立政府引导型旅游产业基金之间的风险防控联盟，建立旅游产业基金大数据中心，及时对旅游产业基金的大数据进行采集和分析，及时互通信息，互通有无，加强对被投资旅游企业的日常经营行为的监督，同时要求旅游企业加大日常经营信息披露力度。建立旅游产业基金风险担保机制和风险补偿基金，建立基金之间的风险防火墙，避免风险的扩散。建立基金风险补助机制，加大财政对旅游贷款风险、担保风险补助资金的投入，各级地方政府可以根据本级财政的能力，合理确定基金的风险补助标准，对于旅游产业基金符合地方投资导向要求旅游项目按投资额度获得一定的补贴，用于其损失补偿。

（三）加强对投资企业的高管派驻管理

目前政府引导型旅游产业基金更多是引入专业化的基金管理团队来运营管理，但在实践中，由于基金管理团队人员相对较少，缺乏完整的董事、财务、投资、运营等方式的人才，往往派不出专业化的管理人员进驻投资企业，而更多是通过财务报表形式来了解所投资企业的运作情况，这对于旅游产业基金的投后管理是不利的。对于还达不到派驻董事、监事的投资企业，要加强定期的财务报表研究和管理，及时发现存在问题并提出整改意见。对于达到派出董事、监事、财务总监条件的投资企业，要加强对派驻人员的管理和培训，发挥派驻专业高管人员的专业能力和投资决策过程中的话语权，尽量减少可以规避的项目运营风险，推动基金投资项目的健康发展。

（四）完善旅游产业基金的正常退出通道

当前，旅游企业在证券二级市场上市还仍有较高的门槛，通过上市退出的方式还存在较大的难度。因此，需要建立更适应政府引导型旅游产业基金的退出方式。要建立旅游产业基金交易平台，撮合地方政府与社会资本的合作，改革推进中小企业板、创业板、新三板以及各类旅游产权交易中心等建设，推动政府引导型旅游产业基金的股权证券化、二级市场并购、重组、股权回购等形式，拓展社会资本的退出渠道。

（五）规范财政资金提前退出方式

政府引导型旅游产业基金存续期满后，将面临退出及资产清算。在除了正常的退出方式之外，财政资金要提前退出政府引导型旅游产业基金，也应满足“投资基金方案确认后超过一年，未按规定程序和时间要求完成设立手续的”“政府出资拨付投资基金账户一年以上，基金未开展投资业务的”“基金投资领域和方向不符合政策目标的”等情况下，政府出资才可以不经其他出资人同意，选择提前退出的方式。另外，在投资亏损、法律诉讼、股权纠纷等情况，使得产业基金难以正常运作，也可以采取异常的退出方式。因此，需要进一步明确规范财政资金的提前退出程序，当政府引导型旅游产业基金处于亏损并达到一定幅度时，旅游产业基金不再存续时应以清算方式退出财政资金。当政府引导型旅游产业基金达到一定的盈利水平时，政策性目标达到时，为了更好地实现财政资金周转，可以通过股权或财产份额转让的方式，退出政府引导型旅游产业基金，而基金则转型为市场化的引导型旅游产业基金。通过规范财政资金提前退出方式，让社会资本对参与政府引导型旅游产业基金有明确的预期，以避免财政资金随意退出影响社会资本的参与。

（六）规范旅游产业基金的资产清算

政府引导型旅游产业基金存续期满后，由于财政资金的参与，要规范资金清算。财政资金虽然参与政府引导型旅游产业基金不是以营利为目标，但也要尽可能地实现资产保值增值。要约定清晰财政资金和社会资本在政府引导型旅游产业基金中的本金和投资收益以同股同权方式进行结算，扣除基金管理公司必要的管理成本，在结算完成后的规定时间内要将本金和投资收益及时上缴国库。对于政府引导型旅游产业基金存在亏损情况后进行结算的，除个别特殊情况由出资人共同承担外，原则上要规定财政出资亏损最大不能超出本金，让政府承担有限责任，以避免政府引导型旅游产业基金存在变相财政兜底而导致非理性投资行为产生。通过规范资金清算，有利于更好地明确政府和社会资本在政府引导型旅游产业基金中的权利和义务。

五、加强对政府引导型旅游产业基金发展的监管

（一）完善旅游产业基金运营的激励约束机制

建立政府引导型旅游产业基金投资效率的考核管理和奖励办法，明确旅游产业基金每年的投资任务目标，重点考核引导社会资本进入旅游领域的资金规模、产生的社会影响以及资产保值增值情况等，对于考核未达到预期目标的，给予基金管理费扣除，对于考核超额达到预期目标的，在约

定的基金管理费基础上给予额外的费用奖励。

（二）健全旅游产业基金的日常监管机制

地方政府引导型旅游产业基金要结合产业发展、区域均衡的发展方向，加强对基金投资的引导，重点关注基金的投资方向、重点区域、重点产业和战略方向，并建立投资定期评估和监督机制，以确保基金的发展不偏离设立宗旨，不脱离政府预期的目标。建立旅游产业基金的事前、事中、事后监督管理机制，防止政府引导型旅游产业基金被非法挪用、侵占。要明确财政、发改、旅游等部门在政府引导型旅游产业基金中的各自职责，财政部门要负责对财政资金使用情况的跟踪监管，旅游部门要负责对资金投向方向的指导。

（三）完善旅游产业基金的信息披露机制

由于政府引导型旅游产业基金所投资的旅游企业往往是非上市公司，难以做到清晰的投资运营、财务状况等信息披露，使得政府和社会资本在判断经营情况时会存在信息不对称。因此，要加强两个层面的信息披露机制，一是要求所投资企业按照上市公司的信息披露要求，加强对季报、半年报和年报中重要信息的披露，减少信息不对称产生的逆向选择风险。二是要完善政府引导型旅游产业基金的日常信息披露情况，及时向社会公布政府引导型旅游产业基金的经营情况，让社会大众能够有机会了解到基金的具体运行情况，以更好地吸引社会资本进入旅游业。

（四）健全旅游产业基金科学的管理体系

从上述的基金规范管理体系评价可以看出，目前，较多的政府引导型旅游产业基金运作还是较为规范的，但也有基金在一些方面存在不规范运作的情况，还需要及时对标国家发改委、财政部以及金融监管机构等的相关要求，在基金设立、投资运作、风险管理、监督考核、退出机制等方面建立更加规范的管理制度，以更好地推动政府引导型旅游产业基金的规范运作，更好地发挥政府引导型旅游产业基金对旅游产业发展的重要引导功能和作用。

（五）建立旅游产业基金的荣誉制度

制订政府引导型旅游产业基金管理创新团队示范评价标准及奖励办法，扶持一批旅游产业基金创新管理示范团队试点，加强旅游产业基金专业化运营团队建设。加强对政府引导型旅游产业基金发展的经验总结，针对现有的三类旅游产业基金，在全国选择若干个省级和市级政府引导型旅游产业基金项目，打造成为样板示范项目，形成可借鉴、可复制的经验和模式在全国推广，将政府引导型旅游产业基金模式培育成为全域旅游发展的新动能。建立政府引导型旅游产业基金发展奖励机制，对政府引导型旅游产业基金参与达到一定规模的项目，由财政部和省级财政给予相应的表彰和奖励。

（六）构建旅游产业基金的诚信体系

探索在全国范围内建立政府引导型旅游产业基金信用体系，打造旅游产业基金的大数据平台，将参与基金投资项目开发和建设的企业、基金管理公司的实时交易记录和不良信用记录及时纳入统一的征信体系，建立全国性的政府引导型旅游产业基金征信“黑名单”制度。在此基础上，争取对接中央人民银行征信体系、主要电商平台、重要企业的数据系统，建立信息交换机制、信息甄别与共享机制，以减少政府引导型旅游产业基金发展过程中由于信息不对称产生的金融风险和金融成本。

六、加强对政府引导型旅游产业基金的专业化人才培养

（一）加强旅游产业基金的研究型人才培养

要加大旅游院校和科研院所对旅游产业基金人才的培养，在高等院校旅游类本硕博专业的课程中，增加产业基金、金融类课程，在硕士和博士阶段的研究中，将旅游产业基金研究作为旅游专业人才培养的重点研究方向。在旅游管理类博士后流动站、工作站，鼓励博士后研究人员开展旅游产业基金方向的研究，培育一批旅游产业基金研究方面的高层次专业人才。加强“双师型”教育培养，加强旅游产业基金专业带头人、教学骨干和“教练型”教学名师培养力度，提高有旅游产业基金管理实践经历人员和高级技术技能、管理服务人才担任旅游专职教师的比例，提高专业教师的教学技能和水平。

（二）加强旅游产业基金的实践型人才培养

加强对旅游产业基金领军人才的培养，每年从全国各省份的旅游产业基金分期分批选择优秀的旅游产业基金企业中高级管理人才进入全国旅游产业基金领军人才库，赴海外进行提升性培养，学习国外旅游产业基金发展的先进经验，强化战略层人才的全局性战略思维和经营管理能力。促进旅游行政主管部门、旅游企业和金融机构的联动，建立相互挂职机制，互补专业长短，旅游行业的从业人员要重点加强金融、产业基金等在内的金融专业能力培养，金融行业的从业人员要重点加强旅游方面的业务能力培养，努力在金融行业、旅游行业共同培养复合型旅游产业基金人才。

（三）加强旅游产业基金专家型人才的培养

建议在文化和旅游部的年度人才培养专项计划中增加旅游产业基金人才服务类别，同时，在各省区市的省级旅游人才培养计划中逐步扩大对旅游产业基金人才的培养规模，给予相应的学习机会和适当的资金奖励支持。鼓励各省建立省级旅游产业基金专家人才库，重点遴选和培养一批旅游、规划、设计、金融、法律、运营等方面的复合型专家，通过课题委托、项目评审、研究成果评奖等方式让更多的专家助力政府引导型旅游产业基金的发展，形成一支专业能力强的旅游产业专家基金服务队伍。

（四）建立旅游产业基金的人才培训基地

依托旅游高等院校和旅游科研院所，在全国建设一批政府引导型旅游人才培训基地，开展政府引导型旅游业基金的相关专题培训班，加强对政府引导型旅游产业基金中高端专业人才培养。开展政府引导型旅游产业基金运营创新团队示范工程，制订运营创新团队示范企业评价标准及奖励办法，扶持一批政府引导型旅游产业基金运营创新团队示范企业试点，加强专业化运营团队建设。鼓励有条件的旅游集团、旅游产业基金管理公司建立旅游产业基金人才培训基地，开展专题培训班，加强对旅游产业基金实践人才的培养。在已设立了政府引导型旅游产业基金的省区市，每年将相关人才培养的费用纳入政府年度财政预算，建立以政府资助为导向，用人单位投入为主体，社会资金支持为补充的多元投入机制，加大对旅游产业基金人才的资助力度。

（五）建立旅游产业基金管理团队遴选机制

旅游产业基金管理团队是政府引导型旅游产业基金能否成功经营的关

键，不仅需要基金管理方面的专业知识和能力，也同时需要旅游业发展方面的专业和能力。从目前来看，现有的旅游产业基金管理团队更多是从外部寻找金融行业的基金管理团队，往往对旅游产业的发展情况较为陌生，对旅游产业发展的趋势不熟悉。因此，有必要从国家层面和省级层面加强旅游产业基金管理团队建设，建立旅游产业基金管理团队库，优先推荐具有复合型管理人才的基金管理团队参与地方政府引导型旅游产业基金的运营管理，鼓励各大基金管理机构培养既懂基金运营又懂旅游管理的复合型管理人才，为政府引导型旅游产业基金提供更加专业化、市场化、品牌化的优质基金管理团队，以更好地实现政府引导型旅游产业基金的发展目标。

七、完善配套政策支持

（一）加强部门之间的横向合作

加强发改、财政、文化和旅游、住建、自然资源、生态环保等部门的协调合作，做好政府引导型旅游产业基金投资项目前期的协调工作，提前落实好生态红线、水资源保护红线等国家政策红线，做好项目所涉及的土地、环保、水利等相关规划的编制或修编工作，完善土地、融资、人才、税费等各方面的配套政策。加快落实《关于全面开展国土空间规划工作的通知》《关于支持旅游业发展用地政策的意见》和《产业用地政策实施工作指引》等涉旅用地政策，优先落实旅游产业基金项目供地指标，强化项目的落地保障。

（二）加大财政政策支持力度

对于政府引导型旅游产业基金及基金投资项目，要给予相应的税收优惠政策支持或是以奖代补的方式，降低政府引导型旅游产业基金的投资成本，吸引更多社会资本参与进来。针对政府引导型旅游产业基金面临的风险的融资担保等问题，可以由地方财政设立风险补助专项资金和贷款担保利息补助资金，降低旅游产业基金的投资风险以及融资担保成本。

（三）优化投资政策支持

目前，一些地市的政府引导型旅游产业基金由于在当地缺少可投的好项目以及受到区域外投资的限制，导致资金空转，没有很好地运作起来。要减少对旅游产业基金投资区域的限制，适度放宽对本地市之外区域的投资比例要求或制定特殊投资规定，允许本地的政府引导型旅游产业基金参与到其他地区的重大旅游项目投资建设，提高政府引导型旅游产业基金的投资效率。并且，目前政府引导型旅游产业基金主流的投资方式是股权投资，而债权投资非常少。建议在今后的发展中，放宽股权类旅游产业基金的投资限制，建立多元化的基金投资方式，推动股转债、债转股、股+债等多元化的投资方式，以更好地吸引更多社会资本参与到旅游产业发展中来。

（四）创新金融政策支持

政府引导型旅游产业基金既离不开政府财政的支持，也离不开社会资本的支持，更离不开金融机构的参与。只有创新金融政策，让更多的金融机构参与进来，政府引导型旅游产业基金才有更强大的生命力。要出台有吸引力的金融管理制度，大力引导证券公司、保险公司、政策性银行、商业性银行等金融机构参与政府引导型旅游产业基金的设立，拓展旅游产业基金的资金来源。适当对现有的《商业银行法》《保险法》以及资产管理相关规定修订，建立银行资金、保险资金进入政府引导型旅游产业基金的通道，拓展旅游产业基金发起人融资渠道。

加强对政府引导型旅游产业基金发展的配套金融政策支持，持续加大农业发展银行、国家开发银行等政策性金融对政府引导型旅游产业基金投资项目的融资支持力度，在贷款贴息、利率优惠、风险补助等方面给予支持。鼓励省级政府将新增地方政府债券向本省财力薄弱的市县倾斜，增加市县政府引导型旅游产业基金的吸引力和可持续发展能力。建立金融机构前期参与政府引导型旅游产业基金投资项目的设计机制，鼓励金融机构在旅游项目设计阶段提前介入，为企业提供方案设计的咨询服务，提高项目融资的可行性。鼓励中国 PPP 基金、省级 PPP 引导基金加大对欠发达地区旅游项目的倾斜和支持力度，在贷款贴息、利率优惠、风险补助等方面给予支持。在有条件的地区设立政府引导型旅游产业基金的项目担保基金，带动更多金融机构对旅游重要项目的投融资支持。

（五）完善综合性配套政策

做好旅游产业基金发展软环境的配套支撑。从旅游业发展来看，一些有发展潜力的旅游项目往往既缺乏资金支撑，也缺乏整合资源能力。因此，政府引导型旅游产业基金对有潜力旅游项目的投资，不仅要进行资金的支持，还需要加强对投资企业提供项目运营管理、风险规避、人才优化等方面的综合配套服务，提升投资企业整合资金、技术、人才、管理、财务等资源的综合能力，提高旅游项目成功的可行性，形成更有利的发展支撑。

（六）建立旅游产业基金信息交流平台

为了更好地促进政府引导型旅游产业基金之间的交流与合作，有必要建立相应的信息平台。建议在中国旅游协会下设专业化的旅游产业基金协会，搭建旅游产业基金会员之间的信息和服务桥梁，及时提供旅游产业基金的政策、法规、数据、研究以及项目实时信息，搭建起政府、社会资本、旅游产业基金管理机构之间的互动平台，定期举办会议、论坛及项目洽谈会、成果展等，打通旅游产业基金发展的信息壁垒。

第八章　研究结论及展望

本章是研究的结论部分，在前述研究的基础上形成了最终的研究结论，并讨论了研究中存在的不足以及对后续研究提出了建议。

一、研究结论

通过前述研究，得出以下研究结论：

（1）我国已经形成了中央、省、市、县四级政府引导型旅游产业基金，发展基本面向好，呈现出兴旺发达的局面。其中，中央层级的政府引导型旅游产业基金相对较少，但资金规模大，覆盖面广，可以从全国层面发挥对旅游产业发展积极的引导作用。省级政府引导型旅游产业基金发展迅速，而市县一级政府引导型旅游产业基金多数还处于起步阶段。政府引导型旅游产业基金是全域旅游发展的新动能，是旅游业高质量发展的必然要求，在促进旅游重点领域和薄弱环节发展、拓展民间资本参与全域旅游发展渠道、改善中西部地区旅游发展短板等方面发挥着越来越重要的作用。随着全面建成小康社会目标的实现，文旅融合的加快发展，政府引导型旅游产业基金将迎来新的发展契机，前景更加广阔。

（2）政府引导型旅游产业基金的典型模式主要包括组织模式和投资模式。从组织模式上来看，政府引导型旅游产业基金主要采取的是有限合伙形式，而公司制、契约制的政府引导型旅游产业基金目前尚未出现。从投资模式来看，政府引导型旅游产业基金主要有股权和债权两大类，股权类模式下又包括直接投资类和母子基金类两种类型的旅游产业基金。因此，在投资模式上，政府引导型旅游产业基金主要有三种形式。直接投资的旅游产业基金通常是以基金到位资金为依托，可以针对旅游项目进行直接投资。母子基金类的旅游产业基金是先设立母基金，母基金再下设若干个子基金，母基金不直接对外投资，而是由子基金进行对外投资，基金的规模和杠杆效应更大。债权类的旅游产业基金主要是以债权形式为地方旅游业发展提供支持，常见的是类似于银行贷款的信贷形式，但贷款期限短，金额少，重点在于扶持有发展潜力的中小旅游企业。

（3）政府引导型旅游产业基金的运作机制包括发起设立、投资运作、风险控制、收益分配和退出机制等方面，由于多数地方采取的是股权类旅游产业基金，其运作机制相对成熟，而债权类旅游产业基金相对较少，其运作机制尚在逐步完善中。股权类旅游产业基金与债权类旅游产业基金在投资形式、收益分配、风险防控、存续期限、终止和退出等方面存在较大的区别。各类政府引导型旅游产业基金的运作既要遵守国家对于私募基金的法律法规，又要遵守国家对政府引导基金的管理规定，还要遵守政府引导型旅游产业基金的专项管理规定，比普通的私募基金有更高的规范要求。

（4）由于政府引导型旅游产业基金普遍成立时间不长，还存在一些瓶颈，包括政府和市场权责划分不清晰、缺乏有效的规范和引导、对产业的引导功能还不强、专业化的基金管理人才队伍还不健全、产业基金的配套政策还不完善、投资受限制、信息披露机制不健全等，需要在未来发展中逐步破解。

（5）结合国家对政府引导型旅游产业基金发展的规范要求以及运行实践，本研究构建了政府引导型旅游产业基金规范管理评估指标体系，包括出资和设立规范、投资规范、终止和退出规范、政府监管规范 4 个一级指标以及 11 个二级指标，20 个三级指标。政府引导型旅游产业基金的规范管理评价主要从满足政府的规范要求方面进行基金的合法合规性发展进行的评价分析。

（6）结合国家对政府引导型旅游产业基金发展的绩效评价要求和相关研究，提出了政府引导型旅游产业基金的绩效评价指标体系，包括三级指标，分别是政策效应、经济效益、管理水平、产业促进、发展潜力 5 个一级指标以及 16 个二级指标、40 个三级指标。政府引导型旅游产业基金的绩效评价指标主要是从事中、事后方面对政府引导型旅游产业基金发展提出的综合性评价，既体现了政策性，也体现了经济性，还充分体现了社会效益。

（7）未来，可以从加强政府层面的顶层设计、规范发起设立、提升投资运作效率、完善风险控制和退出机制、加强政府监管、培养专业化的人才以及完善配套政策支持等方面着手，以更好地推动政府引导型旅游产业基金的高质量发展。

二、研究不足及后续研究建议

受限于研究时间和研究精力，本研究仅对政府引导型旅游产业基金的高质量发展进行了初步的研究，在较多方面还需要进一步的深化和细化。政府引导型旅游产业基金虽然在我国发展的时间并不长，但从目前发展趋势来看，未来还有较大的成长空间，值得长期跟踪研究和关注。未来可以从以下几个方面来加强对政府引导型旅游产业基金的研究：

一是政府引导型旅游产业基金的绩效的定量评价研究。本研究虽然针对政府引导型旅游产业基金开展了初步的评价体系研究，但主要是从定性方面进行指标选择以及三级指标体系的确定方面着手，还未从定量方面进行研究。目前已有不少研究关注政府引导基金的绩效评价问题，但尚未有专门研究政府引导型旅游产业基金的绩效评价成果。由于我国政府引导型旅游产业基金成立时间普遍较短，尚未到绩效定量评价的阶段，现有的定量研究尚属空白。还需要在今后的研究中，密切关注各级政府引导型旅游产业基金发展的实践，及时做好调研工作，收集好第一手的调研数据，在形成科学评价模型基础上开展政府引导型旅游产业基金的绩效评估研究，以更为有效地指导政府引导型旅游产业基金的健康、可持续发展。

二是政府引导型旅游产业基金的退出机制研究。从我国旅游产业基金的退出机制来看，退出通道较少，资本市场还不健全，难以让基金能够顺利退出。而我国政府引导型旅游产业基金的存续期普遍在十年之内，虽然目前尚未有到期的政府引导型旅游产业基金，但在不久的将来也是要面临的现实问题。对于到期后基金如何运营以及如何退出，目前研究论证尚不充分。因此，后续研究中，还可以关注政府引导型旅游产业基金的退出机制，积极借鉴国际经验和国内其他领域的实践成果，结合我国资本市场发展趋势，做好顶层设计，以更好地推动政府引导型旅游产业基金的高质量发展。

三是政府引导型旅游产业基金对区域旅游业发展的影响研究。目前，政府引导型旅游产业基金多数还处于成长期，单个政府引导型旅游产业基金的资金规模不大，投资项目不多，对区域旅游业发展的影响带动作用还不明显。随着政府引导型旅游产业基金的发展走向成熟，与旅游目的地发展更加紧密，其重要作用将会更加明显。因此，在未来的研究中，可以加强从区域层面着手，研究政府引导型旅游产业基金与旅游目的地的互动融合，分析二者融合的难点、痛点，开展影响定量评价研究，并提出对地方旅游业发展更加有针对性的可行性建议，以更好地支持旅游目的地的发展。

参考文献

［1］Lerner J. The governments as venture capitalist: the long-run impact of the SBIR program［J］. Journal of Business, 1999, 72(3): 285–318.

［2］Lerner J, Watson B. The Public venture capital challenge: the Australia case［J］. Venture Capital, 2007, 10(1): 1–20.

［3］Cumming D J, Li D. Public policy, entrepreneurship, and venture capital in the United states［J］. Journal of Corporate Finance, 2013, 23: 345–367.

［4］Sorenson O, Audia P G. The Social Structure of Entrepreneurial Activity: Geographic Concentration of Footwear Production in the United States, 1940–1989［J］. American Journal of Sociology, 2000, 106(2): 424–462.

［5］Bruton G D, Ahistrom D. An institutional view of China's venture capital industry: explaining the differences between China and the West［J］. Journal of Business, 2003, 18(2): 233–259.

［6］Hall B H. The Financing of Research and Development［J］. Oxford Review of Economic Policy, 2002, 18(1): 35–51.

［7］Leleux B, Surlemont B. Public versus private venture capital: seeding or crowding out? A pan-European analysis［J］. Journal of Business

Venturing, 2003(18): 81−104.

[8] Sunley P, Klagge B, Berndt C, et al. Venture capital programmes in the UK and Germany: in what sense regional policies? [J] . Regional Studies, 2005, 39(2): 255−273.

[9] Bertoni F, Tykvova T. Does government venture capital spur invention and innovation? Evidence from young European Biotechcompanies [J] . Research Policy, 2015, 44(4): 925−935.

[10] Cumming D J, Macintosh J. Crowding out private equity: Canadian evidence [J] . Journal of Business Venturing, 2006, 21(3): 569−609.

[11] Basso A, Funari S. The role of fund size in the performance of mutual funds assessed with DEA models [J] . Working Papers, 2017(6): 1−17.

[12] Murray G, Maula M. V. J. Finnish industry investment Ltd: An international evaluation [J] . Ministry of Trade & Industry, 2013.

[13] Pearce D. Tourism and the European regional development fund: the first fourteen years [J] . Journal of Travel Research, 1992, 30(3): 44−51.

[14] Jaliu D D. The effectivenss of public policies and structural funds in enhancing tourism development [J] . Theoretical and Applied economics, 2012(12): 37−52.

[15] Panfiluk E. Analysis of the effectiveness in the disbursement of the European regional development fund for selected entities in the tourism economy [J] . Economics and Management, 2016, 8(4): 39−49.

[16] Bernini C, Pellegrini G. Is subsidizing tourism firms an effective use of public funds? [J] . Tourism Management, 2013, 35: 156−167.

[17] Sunley P, Klagge B, Berndt C, et al. Venture capital programmes in the UK and Germany: in what sense regional policies? [J] . Regional Studies,

2005, 39(2).

［18］Collewaert V, Manigart S, Aernoudt R. An Assessment of Government Funding of Business Angel Networks: A Regional Study［Z］. Working Paper, Universiteit GENT, 2007.

［19］Bartzokas A, Mani S. Financial systems corporate investment in innovation and venture capital［M］. Cheltenham: Edward Elgar Publishing, 2004.

［20］Zaborowski. An institutional view of China's venture capital industry: explaining the differences between China and the West［J］. Journal of Business, 2003 (18).

［21］Leleux B, Surlemont B. Public versus private venture capital: seeding or crowding out? A pan-European analysis［J］. Journal of Business Venturing, 2003(18): 81-104.

［22］田娟娟．产业导向型政府引导基金绩效评价研究［J］．辽东学院学报：社会科学版，2018，20（2）．

［23］李长胜，蔡敏．地方政府产业基金引导产业转型升级的实践与探索［J］．财政科学，2018，29（5）．

［24］杨复卫．地方养老服务业引导资金运作模式［J］．经济体制改革，2018（1）．

［25］成丹．地方政府引导基金治理机制及辽宁运行实践［J］．地方财政研究，2017（3）．

［26］刘勇．政府产业引导基金的实施效果探析［J］．金融与经济，2017（8）．

［27］靳志伟．政府产业基金与社会资本合作模式的对比研究［J］．财政科学，2018（5）．

［28］沈谦，曾秋霞，黎益嘉．欠发达地区政府产业引导基金运作难点及对

策［J］. 武汉金融，2017（11）.
［29］中国旅游研究院 . 2017 年中国旅游经济运行分析与 2018 年发展预测［M］. 北京：中国旅游出版社，2018.
［30］中国旅游研究院 . 中国旅行服务业发展报告 2017［M］. 北京：中国旅游出版社，2017.
［31］胡抚生 . 金融与旅游业融合的模式及市场效应研究［M］. 天津：南开大学出版社，2018.
［32］杨树林 . 政府引导基金促进战略性新兴产业发展的现状与对策［J］. 浙江金融，2018（9）.
［33］高礼彦 .PPP 模式下的产业基金运作模式探析［J］. 经济论坛，2015（8）.
［34］陈梁，胡文淑 . 公共财政理论的反思与完善：兼论 PPP 模式及政府产业基金的运作模式分析［J］. 中国政府采购，2016（9）.
［35］李长胜，蔡敏 . 地方政府产业基金引导产业转型升级的实践与探究［J］. 财政科学，2018（5）.
［36］陈述，韩冬梅 . 地方政府产业发展基金市场化运作的思考与建议［J］. 中国财政，2018（2）.
［37］许亚，陈丙欣 . 加强对政府出资产业投资基金的审计监督［J］. 宏观经济管理，2018（2）.
［38］汪礼恭 . 促进地方政府产业投资引导基金发展的建议［J］. 中国财政，2017（11）.
［39］余建林 . 产业基金助推实体经济发展的实践与建议［J］. 中国财政，2017（9）.
［40］何虹，何深 . 商业银行参与政府产业基金的制约因素及政策建议［J］. 河南财政税务高等专科学校学报，2017，31（4）.

[41] 罗荆. 构建浙江政府产业基金退出和让利机制的思考[J]. 财政科学，2016（2）.

[42] 柏笑寒，郭普松. 陕西政府产业基金发展对策研究[J]新西部：理论版，2016（9）.

[43] 赖素娟. 促进产业基金发展的财政政策[J]. 经济研究参考，2014（12）.

[44] 董建卫，王晗，施国平，郭立宏. 政府引导基金参股创投基金对企业创新的影响[J]. 科学学研究，2018，36（8）.

[45] 程聪慧，王斯亮. 创业投资政府引导基金能引导创业企业创新吗?[J]. 科学学研究，2018，36（8）.

[46] 闫海. 省级政府创业投资引导基金法制发展研究[J]. 地方财政研究，2017（3）.

[47] 何眉. 地方政府引导基金运作经验及对甘肃的启示[J]. 财会研究，2017（8）.

[48] 张新星. 关于加强政府引导基金投后管理的思考[J]. 商丘职业技术学院学报，2018，17（5）.

[49] 张增磊. 政府引导基金国际经验借鉴及启示[J]. 地方财政研究，2017（10）.

[50] 郑德琳. 政府投资基金市场化进程难题与政策建议[J]. 经济研究参考，2017（7）.

[51] 祁玉清. 进一步完善政府投资基金管理的建议[J]. 宏观经济管理，2017（7）.

[52] 徐文舸. 政府性创业投资引导基金的国际镜鉴[J]. 国际金融，2017（5）.

[53] 郑联盛，朱鹤，钟震. 国外政府产业引导基金：特征、模式与启示

[J]. 地方财政研究，2017（3）.

[54] 陈少强，郭骊，郑紫卉. 政府引导基金演变的逻辑［J］. 中央财经大学学报，2017（2）.

[55] 袁晓楠. 关于地方政府引导基金变化的思考［J］. 农村金融研究，2017（1）.

[56] 王秀为，胡瑛珑，王天扬. 基于信任视角的政府参股股权投资基金委托代理收益模型改进［J］. 地方财政研究，2018（8）.

[57] 孙飞. 我国政府投资基金发展中亟须解决的问题与政策建议［J］. 发展研究，2018（4）.

[58] 张文君，周瑞芳. 政府引导基金运作模式比较及对江西的启示［J］. 金融与经济，2018（3）.

[59] 刘蕾，张邓斓. PPP 政府投资基金退出时机选择研究［J］. 统计与决策，2018（5）.

[60] 刘晓玲，孙彬，吕东，师晓丹，董雯. 我国政府引导基金绩效评价指标体系优化研究［J］. 天津科技，2018（3）.

[61] 刘华伟. 广东省政府引导基金实践问题与政策建议［J］. 地方财政研究，2018（3）.

[62] 王晗，刘慧侠，董建卫. 政府引导基金参股创投基金能促进企业创新吗？［J］. 研究与发展管理，2018，30（2）.

[63] 岳红举，单飞跃. 政府性基金预算与一般公共预算统筹衔接的法治化路径［J］. 财政研究，2018（1）.

[64] 侯斯强，占宇翔. 商业银行投资政府投资基金的潜在风险及监管对策研究［J］. 金融监管研究，2017（12）.

[65] 陈旭东，刘畅. 政府创业投资引导基金带动创业了吗？［J］. 上海经济研究，2017（11）.

［66］余波．高度警惕政府引导基金发展中五大潜在风险［J］．武汉金融，2017（9）．

［67］邢斯达．关于我国政府引导基金政策的思考［J］．商业经济研究，2017（9）．

［68］易姣娇，孙童真，鲁玉秀．河南省政府创投引导基金绩效评价研究［J］．中外企业家，2017（9）．

［69］董建卫，王晗，郭立宏．引导还是挤出？：引导基金投资对私人创投投资的影响［J］．西北大学学报：哲学社会科学版，2017，47（3）．

［70］李延利，刘天善．战略性新兴产业政策导向型参股基金绩效评价研究［J］．金融理论与实践，2017（8）．

［71］何朝林，梁悦．创业投资引导基金运行中的政府行为［J］．科学管理研究，2017，35（4）．

［72］房燕，鲍新中．中国政府创业投资引导基金效用［J］．技术经济，2016，35（2）．

［73］张增磊．政府投资基金经济效应及作用路径研究［D］．北京：中国财政科学研究院，2018.

［74］刘钦．内蒙古政府创投引导基金运作模式研究［D］．呼和浩特：内蒙古农业大学，2017.

［75］王哲．政府创业投资引导基金绩效评价实证研究［D］．贵阳：贵州财经大学，2017.

［76］向赟．政府创业投资引导基金绩效评价研究［D］．杭州：浙江大学，2018.

［77］方赓．江苏省政府创业引导基金效率研究［J］．劳动保障世界，2015（12）．

［78］刘春晓，刘红涛，孟兆辉．政府创业投资引导基金参股基金绩效评价

研究［J］. 上海金融，2015（10）.
［79］顾婧，任珮嘉，徐泽水 . 基于直觉模糊层次分析的创业投资引导基金绩效评价方法研究［J］. 中国管理科学，2015，23（9）.
［80］郭立宏 . 创业风险投资引导基金参股投资的杠杆效应研究［J］. 西北大学学报：哲学社会科学版，2018，48（3）.
［81］唐瑞 . 政府创投引导基金绩效评价研究［D］. 广州：广东工业大学，2012.
［82］石琳 . 创业投资引导基金绩效评价研究［D］. 上海：东华大学，2013.
［83］于羽 . 政府引导基金绩效评价研究［D］. 天津：天津财经大学，2013.
［84］施钰 . 政府引导基金的绩效行为与实证分析［D］. 上海：上海交通大学，2013.
［85］杨敏利，李昕芳，仵永恒 . 政府创业投资引导基金的引导效应研究［J］. 科研管理，2014，35（11）.
［86］邢恩泉 . 基于资金引导模式的政府引导创业投资的经济学模型分析［J］. 投资研究，2014，33（12）.
［87］张军 . 创业投资引导基金运作模式研究［J］. 云南社会科学，2013（5）.
［88］谭中明，朱忠伟 . 我国政府创业投资引导基金实践模式比较与改进策略［J］. 地方财政研究，2013（11）.
［89］张华，王杰 . 政府创业投资引导基金管理模式的选择［J］. 工业技术经济，2012（4）.
［90］余泳 . 政府引导型科技投资基金发展模式研究［J］. 经济问题探索，2011（10）.
［91］詹骞 . 我国创业投资引导基金机制的形成、发展及改善［J］. 西南科技大学学报：哲学社会科学版，2010，27（6）.

［92］吴应宁．政府设立创业投资引导基金的效益研究［J］．发展研究，2010（10）．

［93］何云月．政府引导基金之温州模式研究［J］．湖北社会科学，2010（10）．

［94］梁圣义，秦宇．我国发展风险投资政府引导基金模式研究［J］．商业经济，2009（12）．

［95］陈蕾．我国创业投资引导基金的主要模式研究［J］．集美大学学报：哲学社会科学版，2012，15（3）．

［96］龚建立，徐炳炳，王飞绒．政府性创业投资引导基金的运行模式研究［J］．经济纵横，2007（8）．

［97］单彪．我国新兴产业政府引导基金的运行现状研究［D］．兰州：西北师范大学，2014.

［98］柏榆芳．我国政府创业投资引导基金风险管理研究［D］．昆明：云南财经大学，2013.

［99］魏江宁．中国私募基金规范发展研究［D］．厦门：厦门大学，2008.

［100］梁丰．我国私募基金规范和发展的研究［D］．成都：西南财经大学，2008.

［101］刘晓鹏．我国产业投资基金法律问题研究［D］．济南：山东大学，2012.

［102］巩云华．中国私募证券投资基金行为与监管研究［D］．天津：南开大学，2011.

［103］李万寿．创业资本引导基金：机理、制度与中国视野［M］．北京：中国财政经济出版社，2006.

［104］杜朝运，郑瑜．海峡西岸经济区发展创业投资引导基金研究：兼析台湾创业投资引导基金的运作模式［J］．福建金融，2009（5）．

[105] 刘懿增 . 论私募基金在新疆智慧旅游建设及旅游产业资产证券化建设发展中的作用探析 [J]. 金融经济，2016（6）.

[106] 冯雪君，张朝峰 . 成立桂林旅游产业投资基金的可行性分析研究 [J]. 企业导报，2012（4）.

[107] 王文龙，马文峰 . 关于设立海南旅游产业投资基金的设想 [J]. 今日海南，2011（2）.

[108] 张海枫 . 欠发达地区产业投资基金的设计运作和退出机制的研究 [J]. 环渤海经济瞭望，2006（11）.

[109] 韩博 . 我国旅游产业投资基金投资项目价值评估研究 [D]. 湘潭：湘潭大学，2009.

[110] 刘冠华 . 海南省旅游产业投资基金运行机制研究 [D]. 长沙：中南林业科技大学，2014.

[111] 宾格尔 . 政府旅游开发方式评析：以土耳其为例 [J]. 城市观察，2014（1）.

[112] 夏林远 . 创业投资政府引导基金绩效评价方案设计 [D]. 杭州：浙江大学，2017.

[113] 郑联盛 . 国外战略新兴产业投资基金的经验与启示 [J]. 新金融，2014（8）.

附件　各省份出台的产业基金相关政策文件

省份	年份	文件编号	出台机构	文件名称
浙江	2015	浙政发〔2015〕11 号	浙江省人民政府	浙江省人民政府关于创新财政支持经济发展方式加快设立政府产业基金的意见
陕西	2019	陕政办发〔2019〕1 号	陕西省人民政府办公厅	陕西省政府投资引导基金管理办法
北京	2015	京财经一〔2015〕2503 号	北京市财政局北京市经济和信息化委员会	北京市中小企业创业投资引导基金管理细则
天津	2015	津科金〔2015〕128 号	天津市科学技术委员会 天津市财政局	天津市创业投资引导基金管理暂行办法
河北	2016	冀发改高技〔2016〕5 号	河北省发展和改革委员会	河北省战略性新兴产业创业投资引导基金管理暂行办法
山东	2016	鲁财基金〔2016〕2 号	山东省财政厅 山东省金融工作办公室	山东省省级政府引导基金直投基金管理暂行办法
江苏	2010	苏政办发〔2010〕153 号	江苏省人民政府办公厅	江苏省新兴产业创业投资引导基金管理办法
上海	2017	沪府发〔2017〕81 号	上海市人民政府	上海市创业投资引导基金管理办法
安徽	2016	皖政办秘〔2016〕47 号	安徽省人民政府办公厅	安徽产业发展基金引导协调小组工作制度

续表

省份	年份	文件编号	出台机构	文件名称
福建	2016	闽政办〔2016〕102号	福建省人民政府办公厅	福建省产业股权投资基金暂行管理办法
广东	2017	粤发改财金〔2017〕4609号	广东省发展改革委	广东省发展改革委政府出资产业投资基金 信用信息登记工作流程
江西	2017	赣发改财金〔2017〕494号	江西省发改委财政金融处	江西省发展和改革委员会文件
山西	2017	晋政办发〔2017〕49号	山西省人民政府办公厅	山西省政府投资基金管理暂行办法
河南	2015	豫政办〔2015〕160号	河南省人民政府办公厅	河南省人民政府办公厅关于促进创业投资和产业投资基金发展的通知
湖北	2016	鄂政办发〔2016〕17号	湖北省政府办公厅	湖北省长江经济带产业基金管理办法
湖南	2015	湘政办发〔2015〕93号	湖南省人民政府办公厅	湖南省新兴产业发展基金管理办法（试行）
四川	2015	川府发〔2015〕49号	四川省人民政府	四川省省级产业发展投资引导基金管理办法
重庆	2017	渝府办发〔2017〕32号	重庆市人民政府办公厅	重庆市产业引导股权投资基金管理办法
贵州	2020	黔府办发〔2020〕24号	贵州省人民政府办公厅	贵州省人民政府办公厅关于推进政府投资基金高质量发展的意见
广西	2017	桂政办发〔2017〕50号	广西壮族自治区人民政府办公厅	广西政府投资引导基金子基金操作指引（修订）
云南	2011	云政办发〔2011〕149号	云南省人民政府办公厅	云南省股权投资政府引导基金管理办法

续表

省份	年份	文件编号	出台机构	文件名称
黑龙江	2017	黑财综〔2017〕45号	黑龙江省财政厅	黑龙江省物价监督管理局关于进一步清理规范行政事业性收费和政府性基金政策的通知
吉林	2015	吉政办发［2015］22号	吉林省人民政府办公厅	吉林省产业投资引导基金管理暂行办法
辽宁	2016	辽政办发〔2016〕48号	辽宁省人民政府办公厅	辽宁省产业（创业）投资引导基金管理办法（试行）
甘肃	2017	甘政办发〔2017〕106号	甘肃省人民政府办公厅	甘肃省省级政府投资基金管理办法
宁夏	2015	宁政发〔2015〕30号	宁夏回族自治区人民政府	自治区人民政府关于设立政府产业引导基金促进产业加快发展的意见
青海	2016	青政办〔2016〕212号	青海省人民政府办公厅	青海省省级政府投资基金管理办法（试行）
西藏	2018	藏政办发〔2018〕24号	西藏自治区人民政府办公厅	西藏自治区人民政府办公厅关于促进创业投资持续健康发展的实施意见
内蒙古	2016	内财贸〔2016〕152号	内蒙古财政厅	内蒙古自治区养老服务产业政府引导基金管理暂行办法
海南	2014	琼府办〔2014〕89号	海南省人民政府办公厅	海南省创业投资引导基金设立方案